DAVI BRAGA

SUPER POTENCIAL

Descubra o caminho para
usar o máximo da sua
capacidade e impacte
o mundo sendo
muito bem
pago por isso

Diretora
Rosely Boschini

Gerente Editorial Sênior
Rosângela de Araujo Pinheiro Barbosa

Editora Júnior
Carolina Forin

Assistente Editorial
Fernanda Costa

Produção Gráfica
Fábio Esteves

Preparação
Laura Folgueira

Capa
Gabriel Gonzalez

Imagem de Capa
Freepik.com

Projeto Gráfico e Diagramação
Gisele Baptista de Oliveira

Revisão
Mariana Rimoli
Andréa Bruno

Impressão
Gráfica Assahi

CARO(A) LEITOR(A),

Queremos saber sua opinião sobre nossos livros. Após a leitura, siga-nos no **linkedin.com/company/editora-gente**, no TikTok **@EditoraGente** e no Instagram **@editoragente** e visite-nos no site **www.editoragente.com.br**. Cadastre-se e contribua com sugestões, críticas ou elogios.

Copyright © 2023 by Davi Braga
Todos os direitos desta edição são reservados à Editora Gente.
Rua Natingui, 379 – Vila Madalena
São Paulo, SP – CEP 05443-000
Telefone: (11) 3670-2500
Site: www.editoragente.com.br
E-mail: gente@editoragente.com.br

Dados Internacionais de Catalogação na Publicação (CIP)
Angélica Ilacqua CRB-8/7057

Braga, Davi
Superpotencial : descubra o caminho para usar o máximo da sua capacidade e impacte o mundo sendo muito bem pago por isso / Davi Braga. - São Paulo : Editora Gente, 2023.
192 p.

ISBN 978-65-5544-150-5

1. Empreendedorismo 2. Jovens I. Título

23-0473 CDD 658.4012

Índices para catálogo sistemático:
1. Empreendedorismo

NOTA DA PUBLISHER

Se você está com este livro em mãos, provavelmente se sente perdido, seja na vida ou na carreira, tem a sensação de que não está exercendo todo o seu potencial e gostaria de dar um rumo para sua vida. Acertei?

Pois saiba que você não está sozinho. Já me senti assim. Formada em Arquitetura, levei tempo para entender que não era isso que me movia, que me fazia levantar da cama todas as manhãs. Que maravilha seria se tivesse tido a ajuda de um autor como Davi Braga.

Um exemplo de empreendedorismo, hoje, aos vinte e poucos anos, Davi reúne experiência e conhecimento de sobra para compartilhar. Por meio de sua história e de um conteúdo leve e inspiracional, o autor nos mostra que todos nós temos um chamado a atender e dá o caminho das pedras para que você encontre o seu e mude o jogo da sua vida.

Com este livro, Davi vai levá-lo ao encontro do seu superpotencial e ensiná-lo como exercer a sua zona de genialidade, superar os obstáculos que surgirem pelo caminho e respeitar seus valores nesse processo. Vamos juntos?

ROSELY BOSCHINI
CEO e Publisher da Editora Gente

A TODOS AQUELES QUE ESTÃO DISPOSTOS A ATRAVESSAR A JORNADA DA VIDA DE

MANEIRA INTENSA. SEUS FRUTOS SERÃO IGUALMENTE MARAVILHOSOS EM INTENSIDADE.

CONHEÇA OS
EMBAIXADORES DO SUPERPOTENCIAL

Este é o time que se engajou no propósito dessa causa, fazendo o livro chegar em lugares improváveis, transformando a vida de milhares de pessoas por meio de um método que as permite descobrir do que verdadeiramente são capazes. Sem eles, isso não seria possível.

Ana Diamante
@anadiamante10oficial

Jena Agra
@jenaagra

Luverson
@luversonferreira

Ivandro Dias
@dillianz

Igor Leão
@oleaodabolsa

João Kepler
@joaokepler

Cristiana Braga
@crispeixotobraga

Rafic Junior
@raficjr

Jean Valério
@jean_valerio

Janguiê Diniz
@janguiediniz

Isabella Faustino
@bellacfaustino

Vinicius Areb
@viniciusareb

Guilherme Cardoso
@guilherme_rpmotors

Caio Sanas
@caiosanas

André Diamand
@andrediamand

Kelli Gimenes
@kelli.gimenes

Thiago Silva
@thiagofsilvaofc

Thiago Xaba
@thiagoxaba

Samuel Pereira
@segredosdaaudiencia

Aguinaldo Dalberto
@protetordesonhos

Felipe Spina
@felipespina.eth

Jean Pierre
@moreauadvogados

Joaldo Diniz
@joaldo_diniz

Dener Lippert
@denerlippert

Léo Castelo
@leonardo.castelo

Eduzz
@eduzzoficial

Filipe Santos
@filipesantosbr

FAÇA PARTE DESSE PROPÓSITO E SE TORNE TAMBÉM UM
EMBAIXADOR DO SUPERPOTENCIAL

AGRADECIMENTOS

Agradeço a meus pais pela educação que eles me deram, por sempre me provocarem a entrar em uma jornada de constante crescimento, por não me deixarem nunca me acomodar.

Agradeço à Rosely Boschini, CEO da Editora Gente e publisher deste livro, que foi a maior incentivadora para que esta obra chegasse até você com este exato formato. Foi ela quem visualizou a preciosidade deste conteúdo específico – não sobre negócios, mas sobre protagonismo – e a importância de ele ser compartilhado.

Agradeço à Julia Oliveira e ao Gustavo Medeiros, que me ajudaram a fazer com que a jornada do livro fosse feita da maneira como tinha que ser: com cuidado, carinho e atenção com cada um dos capítulos.

SUMÁRIO

01
VOCÊ

PREFÁCIO **11**

APRESENTAÇÃO **15**

INTRODUÇÃO
Como usar este livro 17

CAPÍTULO 1
**Chamado – Aceite
seu superpotencial 25**

CAPÍTULO 2
**Propósito – Localize
seu superpotencial 39**

CAPÍTULO 3
**Protagonismo – Materialize
seu superpotencial 55**

CAPÍTULO 4
**Disciplina – Faça seu
superpotencial acontecer 73**

CAPÍTULO 5
**Combustível – Alimente
seu superpotencial 91**

02

VOCÊ NO OUTRO

CAPÍTULO 6
**Obstáculos – Proteja
seu superpotencial** 117

CAPÍTULO 7
**Aliados – Fortaleça
seu superpotencial** 145

03

VOCÊ NO MUNDO

CAPÍTULO 8
**Valores – Sustente
seu superpotencial** 165

CAPÍTULO 9
**Ciclos – Reveja seu
superpotencial** 183

CAPÍTULO 10
A jornada infinita 189

PREFÁCIO

A mente do empreendedor é realmente diferenciada. E isso pode ser notado desde muito cedo na vida de uma pessoa. E que fique claro de começo: empreender não é apenas criar empresas. Muito mais que isso, começa pela atitude, pelo espírito, pelo pensamento. É preciso empreender antes na vida para depois empreender nos negócios. Empreender é mudar o jogo – da vida ou dos negócios. É ser um *game changer*. Davi Braga é um desses e traz, neste livro que você está para iniciar, um guia para também adentrar o clube dos *game changers*.

Conheci o Davi, ou Davizinho, como costumo chamá-lo (embora o apelido talvez nem lhe caiba mais, pois já é um grande homem), ainda muito jovem, em sua adolescência. Não era, no entanto, um adolescente "comum", como a maioria da mesma faixa etária. Ele tinha o brilho empreendedor no olhar, a chama interior que o impelia a buscar o novo. Alguém que descobriu seu superpotencial – termo que vai ser bastante abordado no presente livro – ainda novo e empenhou-se em desenvolvê-lo. Imagine criar uma startup de sucesso

11

aos 12 anos. Creio que 98% dos adolescentes dessa idade não seriam capazes, não por falta de intelecto, mas por desconhecimento ou mesmo falta de incentivo. Davi, no entanto, teve um contexto familiar e social que o impulsionou. E deu certo.

Quando ele me convidou para escrever este texto, pus-me a pensar sobre o que poderia falar sobre "mudar o jogo". E o que mais me veio à mente é que tudo começa a partir de uma decisão. Ora, se você não decide mudar o jogo da sua vida, nada mais vai andar. É essa escolha a centelha que acende a chama da mudança, do *turnaround*. E, quando a mente está verdadeiramente decidida por algo, não há mais como voltar: o corpo irá agir também naquele sentido e você será imparável. Muitas vezes, essa decisão de mudar vem da descoberta de um propósito de vida. A partir dele, que é um guia, descobre-se o superpotencial. Esse é um dos pontos abordados por Davi nesta obra, com muita propriedade.

Superpotencial não é um livro de motivação. Como o próprio autor diz, não trata apenas de "buscar a sua melhor versão". Vai além. Aqui, você, leitor, tem um ótimo manual/guia de como se tornar um *game changer* por meio do seu superpotencial, passo a passo – começando por dentro, na sua relação consigo mesmo, partindo para a conexão com o outro e, finalmente, compreendendo o seu lugar no mundo. É preciso se entender para, só depois, agir sobre o mundo à sua volta. Toda essa jornada de análise dá um panorama que faz você compreender com mais racionalidade e clareza não só o seu propósito, mas os objetivos e os caminhos que deve percorrer para cumpri-lo.

A partir das reflexões e decisões tomadas após entender melhor sobre propósito e superpotencial, é hora de agir. Se você ler este livro e sentir que precisa mudar, evoluir, transformar sua vida, faça. Não importa como, mas faça. Você pode não ter todos os recursos necessários no começo, mas dar o primeiro passo – e os subsequentes – é essencial. Só assim a vida ganha sentido. A inércia e a letargia jamais levaram ninguém a algum lugar. Apenas se lançando na aventura do desconhecido é possível chegar a um destino. E é durante a jornada que se pode (e deve) buscar mais conhecimento, ferramentas, traçar estratégias e ajustar a rota para concluir as várias etapas que compõem um objetivo.

Prezado leitor, fica aqui o meu desejo de que *Superpotencial* desperte em você o espírito de decisão, ação, foco e obstinação que faz parte da vida do empreendedor. Davi Braga é um exemplo a se modelar, um jovem que já fez tanto e vai fazer ainda mais. Ele escreve esta obra com a propriedade de alguém que, desde os 12 anos, está mudando o jogo – o da própria vida e, em última análise, do mundo inteiro. Seja você também um *game changer*. O nosso país precisa de você, o planeta precisa de você. Vá em frente, sem parar, que, lá adiante, colherá os frutos da decisão que pode tomar hoje. Um bom futuro a você.

JANGUIÊ DINIZ

APRES

ENTAÇÃO

É uma imensa alegria e satisfação escrever a apresentação de *Superpotencial*, este livro especial do querido amigo Davi Braga.

Lendo o livro, percebe-se a força, o entusiasmo e a verdade do Davi que, com generosidade, guia os leitores em um caminho emocionante de descoberta e fortalecimento do próprio superpotencial, oferecendo uma direção para que cada pessoa seja protagonista da sua vida, encontre seu propósito, materialize suas ideias em conquistas, gerando um grande e positivo impacto na própria vida e no mundo.

No livro, você encontra a experiência e a trajetória do Davi, sua jornada de verdadeira transformação do seu potencial em superpoder que faz com que se trilhe com coragem e determinação o verdadeiro caminho da originalidade. Por isso é um livro tão empoderador!

O Davi permite, com suas palavras claras e precisas, que o leitor consiga entrar profundamente em reflexões pessoais, ter insigths criativos e expandir conhecimentos para tomar novas decisões, encontrar significado e sentido nas próprias ações e se colocar em movimento em direção à sua realização e sucesso e fazendo a diferença na própria vida e no contexto em que se encontra.

Ele o orienta a transformar o próprio potencial em potência e superpoder, de maneira completa, tocando os aspectos do ser humano na sua relação consigo mesmo, com o outro e com o mundo e nos faz perceber que a verdadeira genialidade é ousar colocar em prática esse potencial com coragem, é agir e ocupar seu próprio lugar no mundo deixando definitivamente que os olhos dos outros guiem a sua vida com confiança e muito respeito por si mesmo.

Cada um de nós é único nas suas habilidades, potencialidades e capacidades, e essa unicidade, quando reconhecida e utilizada, leva a pessoa a ser protagonista da própria vida, ser autêntica, com uma força interior e de realização imensa, saindo da mesmice e do piloto automático e encontrando, como nos ensina o autor, seu superpotencial e seu propósito incendiador.

Este é um livro que entra em seu coração, estimulando seus pensamentos, ressoando na sua consciência, construindo novos paradigmas e dando impulso criativo e criador à sua jornada de descoberta, expansão e contínua evolução.

Uma ótima leitura a todos!

Um forte abraço

EDUARDO SHINYASHIKI

INTRODUÇÃO
COMO USAR
ESTE LIVRO

Esta obra, como todo bom livro, contém muitas lições capazes de melhorar sua vida e seus empreendimentos. Mas a primeira coisa que você precisa entender para vivenciar o melhor que ele pode lhe proporcionar é que cada pessoa é única, e essa singularidade é um superpoder. Esse superpoder, que eu chamo de superpotencial, é a transformação do seu potencial em potência. É a materialização das suas potencialidades em ações práticas que geram impacto verdadeiro no mundo. Este não é mais um livro que fala sobre tornar-se a melhor versão de si mesmo. Ele vai levar você a se tornar um *game changer*, ou seja, a mudar o jogo da vida e do sistema, a reconhecer e aprimorar a sua melhor versão continuamente, em um processo infinito. Absolutamente todos podem atingir seu superpotencial. É claro que, como somos únicos, o superpotencial de uma pessoa será completamente diferente do superpotencial de outra.

E como chegar a esse resultado? A metodologia deste livro está dividida em três ciclos de evolução: 1. Você; 2. Você no outro; e 3. Você no mundo. É essencial que eles sejam seguidos nessa ordem, pois, para estar pronto para interagir com o mundo, você precisa antes aprender a interagir com o outro e, antes ainda, desenvolver um relacionamento verdadeiro consigo mesmo. Nessa metodologia, aqueles que decidem pagar o preço de ir contra a maioria são **protagonistas**.

Apesar de a obra estar organizada em um passo a passo, a jornada não é linear – ou seja, você não vai vivenciar um passo de cada vez. Não se surpreenda se, após ler o capítulo 6, por exemplo, você voltar ao capítulo 3 ainda mais preparado para lidar com os desafios que ele propõe. Na verdade, a não linearidade da jornada diz respeito à sua capacidade de explorar vários aspectos da sua vida ao mesmo tempo – e ao fato de que alguns pontos podem ser mais complexos para você do que para outros. Ou seja, cada um vivencia a jornada de maneira única, e não reconhecer essa individualidade do processo seria como brecar o poder da metodologia. Afinal, você não é apenas moldado pela jornada: você também a molda.

Para seguir esta jornada, é preciso ter:

- **Consciência:** A clara intenção de viver esse desafio e a disposição de pagar o preço necessário.

- **Autenticidade:** Seus pontos fortes, o que só você tem e que ninguém pode tirar de você.
- **Comprometimento:** O compromisso consciente de fazer a sua autenticidade brilhar.
- **Conhecimento:** O acúmulo de informações e experiências adquiridas ao longo da sua vida.
- **Ação:** Externalização da sua potência por meio de feitos práticos.

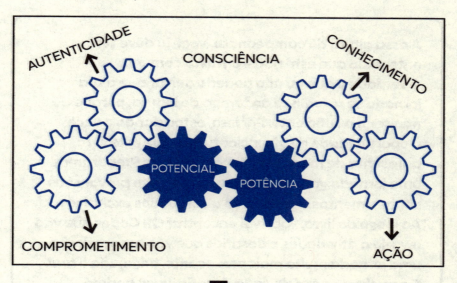

=
SUPERPOTENCIAL

Uma dica: tenha à mão um caderno e uma caneta ou um lápis. Pode ser um arquivo de computador ou uma nota no celular? Não é o ideal. Você está aqui para se conectar consigo mesmo, e nada melhor para a conexão com o real do que a desconexão com o virtual. Além disso, esse caderno se tornará um documento para você consultar sempre que precisar se lembrar de quem você é e de quais são as suas intenções para a vida.

Eu já dei 100% de mim ao construir a metodologia deste livro. Mas, para a sua jornada, isso equivale a apenas 50%. Os outros 50% estão com você... Está preparado para construir uma vida em que você é o protagonista? Vamos lá que eu vou te ajudar!

> A essa altura do campeonato, você já deve ter entendido que este não é um livro comum.
> A verdade é que eu não poderia deixar que a sua jornada se resumisse ao tempo de leitura, porque não seria o suficiente. Por isso, estou dando a você a oportunidade de vivenciar tudo o que este livro apresenta de modo muito mais intenso. Preparamos uma jornada gamificada que lhe permite provar seus conhecimentos e ter acesso a conteúdos exclusivos. Ao longo do livro, você vai encontrar QR Codes que vão levá-lo a atividades e desafios que vão proporcionar uma jornada muito mais provocante, engajada e real. E o melhor: ao fim de cada desafio, você poderá ganhar moedas e trocá-las por prêmios incríveis! Vamos começar? Acesse o QR Code ou o link abaixo e dê início a essa jornada.

https://bit.ly/livrodavi-0

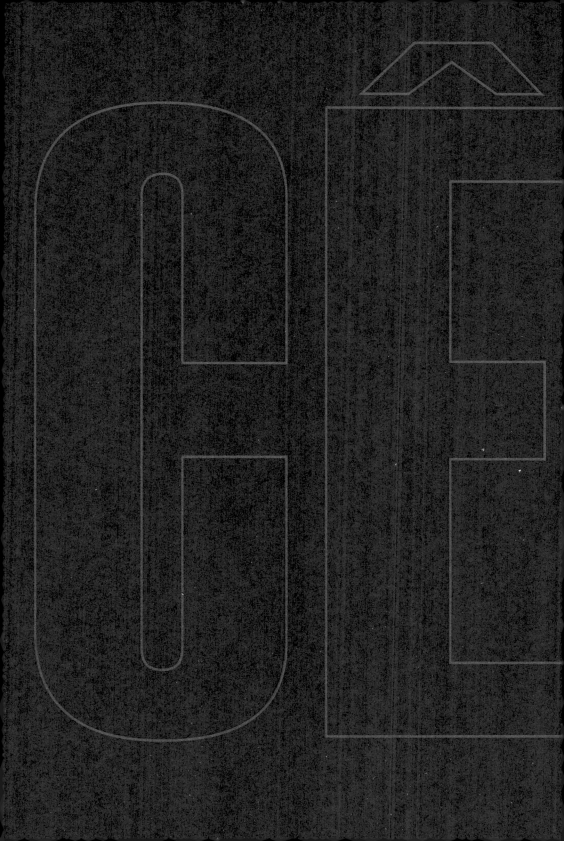

CAPÍTULO 1
CHAMADO – ACEITE SEU SUPERPOTENCIAL

Desde criança, meu herói favorito é o Homem-Aranha. Foi assistindo a ele que eu reparei que a jornada de todo herói começa com um chamado. Você conhece a história e deve lembrar que o Peter Parker é picado por uma aranha e percebe que ganhou superpoderes. Acontece que ele tenta negá-los e levar uma vida normal, até que a morte do tio desperta nele o desejo de usar suas habilidades para o bem. Então, Peter é chamado por seus valores para defender o mundo do mal e usar seus poderes em prol de algo maior que ele.

Dizem que a arte imita a vida, e, nesse caso, é verdade. Todos nós temos um chamado a atender. O problema é que nem todos estão com as antenas sintonizadas ou com a disposição para ouvi-lo. Aí, a impressão que dá é a de que não há chamado algum. Mas ele está do seu lado o tempo todo.

E, se a gente for parar para analisar, mesmo os heróis fictícios só se tornaram reconhecidamente extraordinários porque atenderam a um chamado. Eu não escolhi esse exemplo por acaso. Acompanhe comigo o seguinte raciocínio: o que aconteceria se Parker tivesse ignorado esse chamado? E se ele resolvesse usar seus poderes para beneficiar somente a si mesmo? O mundo todo sofreria consequências negativas. Pense no impacto positivo que ele deixaria de causar na vida de milhares de pessoas. Mas ele atendeu ao chamado e fez toda a diferença utilizando suas potencialidades para algo maior que ele.

A boa notícia é que isso também se aplica à vida real. Todos que realizaram grandes feitos para o mundo, nas mais diversas áreas, decidiram pagar o preço, reconhecer seu chamado, desenvolver o que tinham de único e se comprometer a externalizar a sua potência por meio de feitos práticos, aproveitando oportunidades para gerar impactos positivos e duradouros no mundo. E você também é capaz de atingir isso; de atingir o seu superpotencial.

A MINHA JORNADA

Acho que a forma mais fácil de explicar o que é superpotencial é contando um pouco da minha própria jornada. Vamos lá. Em 2010, eu tinha 9 anos e não mandava muito bem no colégio. Tinha dificuldade para me concentrar e sofria cobranças na escola e em casa pela minha falta de resultados. Nessa época, parecia que todo o meu valor se resumia apenas às minhas notas. Teve até um professor que falou que eu não seria ninguém, que seria uma vergonha para a minha família. Eu não tinha autoconfiança, mas suspeitava de que não fosse um caso perdido. Devia existir algo em que eu era bom, e eu estava decidido a descobrir o que era.

O jogo começou a virar quando tive a ideia de vender chicletes e *cupcakes* na escola para testar opções de atividades em que eu poderia ser bom, já que eu não era tão bom nos estudos. Ali, eu estava começando a testar as minhas habilidades, e aquilo, que, para a maioria das pessoas, parecia besteira ou coisa de criança, foi para mim a primeira experiência que me trouxe clareza em relação às minhas competências. Entendi que ser questionador e resolvedor de problemas me fazia diferente de todos, que essas eram habilidades tão relevantes quanto resolver uma equação de segundo grau e que eu poderia utilizá-las para criar algo relevante.

E foi exercitar essa inquietação que me levou a desenvolver, aos 12 anos, em 2014, a LIST-IT, uma startup que criei para resolver o problema de milhares de mães que tinham dificuldades na compra da lista de material escolar dos filhos. Na época, eu não sabia bem que estava criando uma empresa ou quanto aquela ação seria relevante para o meu futuro. Estava apenas me divertindo.

Aquele negócio, criado como uma experiência, tomou proporções inimagináveis. Fui ao programa *Shark Tank* em busca de investimento para expandir o negócio. Não rolou, mas, com a repercussão na mídia, consegui, aos 15 anos, levar meu negócio para mais de cinquenta cidades do país. Eu ainda não sabia, mas aquele "não" dos tubarões foi fundamental para a minha jornada de evolução.

Tocar a LIST-IT ao longo de seis anos foi a melhor experiência que eu poderia viver para me preparar para os próximos desafios e oportunidades que a vida estava para me trazer. Além de passar por todas as etapas e áreas de desenvolvimento de um negócio, aprendi, desde cedo, a pagar o preço necessário para viver minhas potencialidades ao máximo. Por anos, enquanto meus amigos saíam ou viajavam, eu abria mão das minhas férias de janeiro para conduzir as operações sazonais da empresa.

Acesse o QR Code para assistir à minha participação no programa *Shark Tank*.
https://youtu.be/yHItTZ4E2T8

Vendi a LIST-IT em 2019, com 18 anos, por mais de meio milhão de reais. Mas, acima de qualquer ganho financeiro, essa experiência fez com que eu começasse a trilhar a jornada rumo ao meu superpotencial.

Apesar de, na época, eu não ser tão apaixonado pelo negócio ou pelo problema que ele resolvia, sempre fui apaixonado pela jornada, porque ela fez com que eu aprendesse a me conectar com a demanda e o público, ganhar conhecimento e autoconfiança e entender o que eu gostava de fazer, quais eram minhas habilidades e até mesmo o que eu não sabia fazer.

Essa é a importância de se colocar em movimento. Afinal, foi justamente a vivência na LIST-IT que deu margem para que eu me conectasse com o meu verdadeiro objetivo de vida e com o que realmente me faz feliz, que é compartilhar conhecimento – como o que estou fazendo agora neste livro.

PEIXE FORA D'ÁGUA

É claro que demorou até eu entender que tinha um poder, e não uma loucura da minha cabeça. Quem levaria a sério um garoto de 12 anos que se dizia empreendedor? Eu não conseguia falar sobre o assunto com meus amigos porque eles não estavam interessados. Não conseguia falar sobre isso com meus professores, porque eles estavam focados apenas nas disciplinas pelas quais eram responsáveis.

E, muitas vezes, não conseguia falar nem com meus próprios pais, que ficavam preocupados. Eles não tinham certeza se era o momento certo para começar ou se eu era novo demais para me comprometer com coisas tão sérias, se eu daria conta dos estudos. Mas, com o tempo, as coisas foram se organizando. Eles perceberam que eu tinha domínio das minhas decisões e, conforme os resultados apareciam, passaram a ter mais confiança em mim, concordando que era a minha vocação e que era legítimo eu querer desenvolvê-la.

O fato é que, se você quiser fazer algo diferente, será questionado diversas vezes. As pessoas vão achar que sua vocação e sua vontade de fazer acontecer são coisas passageiras. Em muitos momentos, você pode se sentir um peixe fora d'água perto das outras pessoas. Sim, pensei em desistir várias vezes. Aceitar ser como todo mundo e seguir o fluxo normal seria mais fácil, porque tudo que mais queremos é nos sentir aceitos. Hoje, sei que esse processo de ir contra a corrente faz parte do jogo. Tudo que é novo e fora do padrão assusta, causa desconforto. Pode doer. Mas somente aqueles que passam por cima desse desconforto realizam feitos notáveis.

Fico só imaginando o que teria acontecido comigo se eu não tivesse atendido ao meu chamado para empreender, se tivesse me deixado abalar pelo que meus pais, amigos e professores achavam que era o melhor para mim. Com certeza, tudo teria sido diferente e eu não estaria escrevendo este livro hoje.

É por isso que vou falar para você agora o que eu gostaria que tivessem me falado quando decidi me engajar nessa jornada: você é verdadeiramente único, é o agente principal da sua vida, uma edição limitada. Só você pensa como você. Esse é o seu maior superpoder e o seu maior diferencial. A pior coisa que pode acontecer é você terceirizar a visão que deveria ter sobre si para as outras pessoas. Quando ficamos buscando perspectivas externas sobre a nossa própria identidade, ou sobre o que é sucesso, ou sobre o que é mais adequado para a nossa vida, acabamos nos anulando e desmerecendo aquilo que temos de melhor, que é a nossa autenticidade. A partir do momento que você assimila isso e passa a viver essa verdade, torna-se o protagonista (e não um coadjuvante) da sua própria história. E só assim você pode escolher ativamente seguir a jornada do super-potencial e se tornar a maior potência que pode ser.

SEJA PROTAGONISTA, NÃO COADJUVANTE!

O protagonista é o personagem principal, é o foco da narrativa. É a jornada dele, com suas decisões e seus significados, que determina o decorrer da história. Já o coadjuvante é um personagem secundário.

TODOS NÓS TEMOS UM CHAMADO A ATENDER.

@davibraga

Ele aparece aqui e ali, quase sempre quando seu caminho cruza com o do protagonista. Quero aproveitar essas duas figuras para explicar por que apenas protagonistas conseguem seguir a jornada do superpotencial.

Acontece que a gente não vê o mundo como o mundo é. A realidade que visualizamos é construída pelos significados que damos a cada uma das experiências que vivemos, ou seja, a gente vê o mundo como a gente é. É como se cada um de nós tivesse um mundo inteiramente nosso, construído a partir das crenças que vamos acumulando durante a vida. Tudo depende da visão, da interpretação, do significado que a gente dá para as nossas vivências. Ser coadjuvante é ver a vida como espectador; é deixar a vida te levar, sendo refém do acaso. Ser protagonista é ver a vida como uma jornada de possibilidades, de modo a intencionalmente conduzi-la, dando a ela os significados que o levem a chegar aonde você quer estar.

É bem simples: se é protagonista, você é ao mesmo tempo diretor, escritor e personagem principal da sua história. O coadjuvante tem as suas decisões influenciadas somente pelos fatores externos. É como se ele fosse escravo das circunstâncias que o rodeiam, sem intenção de impor a própria vontade. Já o protagonista tem o poder de conduzir pelo lado interno, ou seja, sem se influenciar demais pelo lado externo, e dirigir sua vida independentemente das circunstâncias.

Os coadjuvantes são conformados e simplesmente aceitam as coisas como são; já os protagonistas têm a intenção e a energia para conduzir o mundo na direção em que acreditam. Um coadjuvante apenas segue tendências sem pensar; um protagonista pode intencionalmente segui-las ou criá-las. A lógica é que a única maneira de realmente fazermos parte do processo de transformação do mundo é gerando essas transformações. Percebe como a jornada do superpotencial só pode ser construída de maneira intencional e por um protagonista?

Um exemplo besta, mas bem tangível, de como você pode ou não provocar uma mudança ao escolher ser protagonista ou coadjuvante é: se você mora em um prédio e não participa das reuniões de condomínio, assume uma postura de coadjuvante e se abstém da possibilidade de provocar uma mudança positiva onde mora em prol do que acredita ser o melhor caminho. Entende o que acontece aqui? Novamente, é um caso de coadjuvantes seguindo e aceitando tendências e não construindo o próprio caminho, deixando que outros decidam o que é melhor para eles.

Ser protagonista é honrar sua própria capacidade, agindo de maneira que o leve a extrair o máximo de si mesmo e da vida. Não significa nunca ter dúvidas ou anseios, mas ser livre para optar pelos próprios caminhos e ter força para combater os vilões mentais que se colocam como empecilhos na jornada.

No fim das contas, o seu conceito de sucesso ou da transformação que você gostaria de ver no mundo pode até variar e se atualizar ao longo da vida, mas uma coisa é fato: são as nossas ações que conduzem nosso futuro. Sendo assim, não importa o quanto fujamos dessa verdade, sempre seremos os protagonistas de nossas próprias vidas. De um filme que pode ser um sucesso e inspiração para milhares ou um fiasco que não gera valor para ninguém. A questão é: que tipo de protagonista você quer ser? Você está ciente desse papel? Vai assumi-lo ou não?

NADE *COM* A CORRENTE: ACEITE O CHAMADO

Se o seu chamado ainda não está claro para você, fique tranquilo que vou te ajudar a identificá-lo. Às vezes esse chamado aparece por acaso. Por exemplo, eu não sei como este livro foi parar em suas mãos, se alguém te deu de presente ou se você simplesmente o viu na prateleira de uma livraria e decidiu comprar, mas tenho certeza de que, se ele chegou até você justamente neste momento, foi por um motivo. Aposto que, se você refletir um pouco, vai saber qual é... É difícil de explicar, mas essas casualidades acontecem quando você, mesmo sem saber, já está pronto e no momento perfeito para receber os chamados que a vida tem. Então, parabéns! Fica claro para mim que esta leitura foi o primeiro chamado que você teve a sensibilidade de atender.

Não importa o seu caminho de escolha: se quer começar um negócio, se quer seguir carreira em uma empresa tradicional, se quer ser uma estrela pop ou um professor. Importa a forma como você se entrega ao seu chamado e para de ser egoísta ao privar o mundo da chance de ser impactado com o que você tem a oferecer – e, por mais que você ainda não saiba ou não acredite, você tem *muito* a oferecer!

Por mais contraditório que possa parecer, o jogo é nadar a favor da corrente, parando de lutar contra si mesmo e passando a lutar contra os vilões mentais que dificultam a jornada, sintonizando-se com o que é seu por direito e promovendo a transformação que você vem sendo preparado, pela própria vida, para gerar.

Saiba que você pode contar com a ajuda do acaso. Ele sempre está jogando no seu time, desde que você saiba ouvir o chamado. Prepare-se para entrar em "estado de jornada". De busca. A partir de agora, será natural que surjam coisas que potencializem ainda mais o seu superpotencial. Não se assuste, por exemplo, se, "do nada", a pessoa perfeita ou o conhecimento necessário para levá-lo mais longe aparecerem na hora exata. Isso vai pipocar porque o simples fato de você se desprender do velho, daquilo que já conhece, significa que está se colocando em incerteza, disponível para o novo e o desconhecido. Quando estamos em uma jornada intencional, plenamente conscientes do que nossas experiências significam e de onde queremos chegar, é com este tipo de coisa que esbarramos: aquilo que acabamos apelidando de acaso.

Não adianta querer controlar demais esse cavalo. Tem coisas que a gente realmente não controla. Aprenda a soltar as rédeas. Você vai se surpreender com os lugares maravilhosos aonde ele te levará, melhores até do que as suas maiores expectativas. Estar aberto e confortável com aquilo que não pode controlar é um poder que lhe permite focar mais no que realmente interessa. Quando você percebe que tudo – sim, tudo – que acontece na sua vida pode ser bom, a depender do significado que você atribui, você se torna imparável. Isso abre um espaço para transformar até experiências negativas em catapultas que te levarão mais longe, até onde você quer estar.

Você está pronto para passar de fase? Chegou a hora de provar o que aprendeu até aqui. Continue a sua jornada gamificada e acumule moedas para trocar por prêmios exclusivos!

https://bit.ly/livrodavi-01

CAPÍTULO 2
PROPÓSITO – LOCALIZE SEU SUPERPOTENCIAL

Propósito. Esse é um daqueles temas que todos parecem entender, mas, com uma simples pergunta, como "qual é o seu propósito?" ou "como você o vive na prática?", uma série de dúvidas surgem. Não estou aqui para plantar mais dúvidas na sua cabeça, e sim para te ajudar a finalmente definir qual é o seu propósito, mostrar qual é a importância de ter clareza sobre isso e, mais importante, como ele pode ser o seu pilar sustentador e a sua bússola para guiá-lo a viver essa jornada intensa, mas satisfatória, em busca da sua máxima potência.

Entendi uma coisa simples: sem um propósito claro, você não vai conseguir sustentar o peso de viver essa jornada e, por consequência, não vai chegar nem perto de usufruir dos benefícios que esse modo de viver pode lhe trazer.

Propósito é a sua posição de encaixe natural no mundo. Consiste em usar seus recursos internos para servir a algo maior. Propósito tem cor, cara e cheiro de casa. É através dele que flui uma consciência superior que faz com que sua existência e sua passagem pela Terra façam mais sentido. É vivendo o propósito que brota um sentimento de utilidade, de colaboração e pertencimento. Viver o seu propósito é o antídoto para aquela sensação que talvez você já tenha experimentado de estar desperdiçando seu potencial mental.

PROPÓSITO: A BÚSSOLA NA JORNADA DA VIDA

Antes de a bússola existir, o que guiava os viajantes em suas jornadas eram as estrelas. Eles localizavam constelações e, então, sabiam exatamente por onde ir. O propósito é esse tipo de bússola: acima de tudo e todos, te guia, permite que você se mova na direção correta e te protege do que possa te desviar do seu caminho.

O ser humano precisa ver sentido nas coisas. Propósito é exatamente esse porquê que vai além do conjunto de objetivos a serem alcançados na vida pessoal e profissional, que vai além da motivação que faz você se levantar a cada manhã. O propósito expressa o que você quer ser e fazer, expressa como você pretende evoluir e se transformar. É aquilo que guia as suas decisões de vida, influencia o seu comportamento, molda os seus objetivos, direciona as suas ações e, principalmente, cria significado para o que você faz.

Enquanto a motivação é pontual, localizada e nos leva a agir, o propósito é o sentido que se atribui à ação, um estilo de vida. A motivação nos direciona para um objetivo específico. O propósito, por sua vez, é uma base sólida, é o que vai nos sustentar em um momento ruim, diante de um fracasso. E é o que vai nos manter em movimento mesmo diante do sucesso. Isso nem objetivo nem missão conseguem fazer. Por isso não basta apenas ter um motivo. É preciso que ele esteja carregado de um propósito, de algo maior, que incendeia toda a sua existência.

Todas as pessoas no mundo que construíram algo realmente relevante foram alimentadas por um propósito incediador e um desejo quase que patológico de realizar uma visão que antes esteve presente somente na sua imaginação.

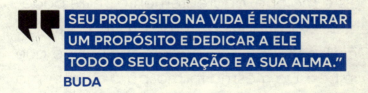

"SEU PROPÓSITO NA VIDA É ENCONTRAR UM PROPÓSITO E DEDICAR A ELE TODO O SEU CORAÇÃO E A SUA ALMA."
BUDA

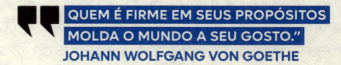

"QUEM É FIRME EM SEUS PROPÓSITOS MOLDA O MUNDO A SEU GOSTO."
JOHANN WOLFGANG VON GOETHE

SEU LUGAR NO MUNDO, SEU LEGADO

Uma verdade básica: tudo na natureza nasce configurado de fábrica, com uma função própria. Cada célula tem uma função no organismo. Glóbulos vermelhos, por exemplo, se movem pelo corpo para fornecer oxigênio, e glóbulos brancos se movem para proteger as demais células. Passarinhos da espécie joão-de-barro se movem para procurar terra e fazer o ninho para os seus filhotes. Até as árvores se movem! Para baixo, as raízes crescem para procurar água no solo. Para cima, os galhos e as folhas buscam a luz do sol. Você certamente também se move por alguma função especialmente desenhada para você. Todos os seres vivos têm uma razão de ser no equilíbrio do meio ambiente. Essa razão é que chamo de propósito, e ela indica o seu lugar no mundo.

Outro exemplo muito expressivo é o da faca de pão e do serrote. À primeira vista, comparado à faca de pão, o serrote parece melhor sob qualquer aspecto, pois é maior e, aparentemente, mais poderoso. No entanto, já imaginou um serrote cortando um pão? Difícil, né? Para isso, nada é melhor do que uma faca de pão. Da mesma forma, para cortar uma árvore, nada é melhor do que um serrote. Isso significa que o seu propósito é único como você, mesmo que ele seja parecido com o de outras pessoas.

Portanto, se o nosso propósito vem de nascença, tudo que precisamos fazer para encontrá-lo é nos conectarmos à nossa essência natural de utilidade. É claro que seria simplista dizer que isso é simples. Na verdade, trata-se de algo bem profundo. Mas é fundamental que o façamos. O mundo precisa que a gente cumpra o nosso propósito. Afinal, se nascemos para ajudar no equilíbrio do planeta, isso significa que precisamos executar nossa função – ou a gente veio aqui a passeio? Sei lá, tem gente que parece que veio, sim. Mas eu vou te contar por que isso é um baita desperdício. A gente tem três opções na vida: deixar o mundo melhor, igual ou pior do que estava como o encontramos. Se podemos deixar o mundo melhor, por que o deixaríamos igual ou pior? Deixar o mundo melhor exige apenas uma atitude sua: que você viva o seu propósito.

E, se ainda te faltam motivos para cumprir seu propósito, eu vou te dar mais um. Sabe, o seu propósito em vida se torna o seu legado pós-vida. Já pensou na importância que um legado tem? Vamos pensar nisso na prática. Se a gente fizer um experimento e mostrar uma foto do Walt Disney, quantas pessoas o reconhecerão? E se mostrarmos um desenho do Mickey para as mesmas pessoas, quantas o reconhecerão? Pois é. O Mickey, um dos grandes legados de Walt Disney, é mais conhecido que seu próprio criador. O seu legado tem o poder de falar mais alto do que a sua própria voz.

Você vem à Terra, tem a oportunidade de fazer algo e depois vai embora. Não deixe essa oportunidade passar. Faça algo que vai durar além da sua duração no planeta, faça algo maior que você, faça jus ao seu propósito.

O PROPÓSITO NO DIA A DIA

A esta altura do campeonato, você já deve ter se convencido de que é muito importante que você cumpra o seu propósito de vida (se não, talvez precise voltar uma casa e ler o início deste capítulo novamente). Mas deixe-me adivinhar: ainda está difícil de enxergar como isso se concretiza na vida real, no dia a dia, né? Então vamos ver como isso funciona.

É fato que motivação, missão e objetivo não são a mesma coisa que propósito. Mas esses são conceitos que orbitam o propósito, ou seja, que têm tudo a ver com ele. E vão ajudar você a materializar o seu propósito.

- **Motivação:** O propósito sempre será a maior motivação da sua vida. Mas, sem motivações menores, fica difícil cumprir as tarefas do dia a dia que nos permitirão levar a cabo o propósito de vida. Retomando as metáforas: se o propósito é a bússola que te orienta, se ele corresponde às estrelas e às constelações

PROPÓSITO É A SUA POSIÇÃO DE ENCAIXE NATURAL NO MUNDO.

@davibraga

acima de você, a motivação é o fio transparente invisível que te põe de pé e caminhando até onde você pretende chegar. As motivações menores podem ser muitas, coletivas (por exemplo, o bem da sua família) ou individuais (por exemplo, sentir-se importante para o mundo). O que realmente importa é que elas te coloquem em movimento.

- **Missão:** A missão é uma forma bastante concreta de visualizar o seu propósito. Por exemplo, se seu propósito é ajudar animais de rua a ter uma vida digna e sua motivação é acordar todos os dias e ver animais felizes e saudáveis, suas missões podem ser:

  1. Trabalhar em um emprego que lhe permita guardar dinheiro.
  2. Fazer faculdade de veterinária com o dinheiro guardado.
  3. Encontrar outras pessoas com um propósito semelhante ao seu.
  4. Começar uma ONG com essas pessoas.
  5. Desenvolver habilidades para conversar com investidores.
  6. Conversar com investidores.
  7. Construir um abrigo para animais de rua.

Assim como em um jogo, não dá para ir direto para a fase 7. Você precisa de todas as fases anteriores para que a fase 7 seja factível, para que as suas habilidades sejam compatíveis com o desafio que você pretende enfrentar. Todo propósito pode virar realidade, por mais ambicioso que ele pareça ser. Mas ele precisa ser desmembrado em várias missões – que devem ser seguidas em uma ordem preestabelecida, porém flexível, a fim de que realmente se materialize.

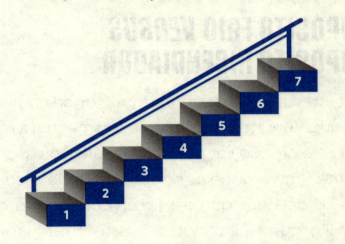

- **Objetivo:** É a menor unidade do propósito. São suas metas. O objetivo tem muito a ver com a organização da sua rotina, com a maneira como você planeja seu dia ou a sua semana, com o que coloca na agenda. Se você, como eu, não é uma pessoa naturalmente muito organizada, existem diversos métodos para idealizar suas missões e quebrá-las em pedacinhos menores – ou seja, em objetivos. E você pode usar agenda digital, agenda física, *planner, bullet journal*... Pesquise, escolha um método e mande ver.

Para a maioria das tarefas da sua vida, você precisa considerar se o que está realizando vai te ajudar a atingir o seu propósito. Pergunte-se sempre: o que eu estou fazendo me deixa mais perto ou mais longe do meu propósito?

PROPÓSITO FRIO *VERSUS* PROPÓSITO INCENDIADOR

Águas rasas não acomodam grandes barcos. Se você quer ter um propósito que realmente te mova e molde, ele precisa ser profundo o suficiente para que se torne um verdadeiro norte e te ajude a suportar todos os desafios que ele traz. Você precisa de um propósito que te incendeie. E isso tem muito a ver com a coletividade. Veja só: muita gente que mora sozinha não arruma a casa "porque é só ela mesmo". Mas, quando essa pessoa recebe alguém, arruma a casa "porque tem visita". Ou seja, quando envolvemos outras pessoas nos nossos objetivos, isso automaticamente nos move, pois não somos mais apenas nós mesmos em questão: o outro também está em jogo. Caso contrário, a motivação não costuma ser suficiente para construir algo grandioso, e você acaba não se esforçando para cumpri-lo. É por isso que motivos individualistas não constroem propósitos incendiadores: eles constroem propósitos frios.

Propósito incendiador
- Movido pelo coletivismo.
- Dinheiro é consequência, não causa.
- Dá energia para superar as adversidades.
- Mantém-nos em movimento.
- Gera ações intencionais.
- Sentimento de pertencimento e utilidade.

Propósito frio
- Movido pelo individualismo.
- Resultados individuais são suficientes.
- É insuficiente para dar motivação.
- É ignorável e descartável.

Um dos propósitos frios mais comuns é o dinheiro. E essa é uma conversa que rende muito, porque bastante gente pensa que "ganhar muito dinheiro" é um bom propósito para chamar de seu. Só que, para conseguir dinheiro, você precisa oferecer algo de valor para as pessoas, e isso sim é forte o suficiente para ser um propósito. E, mesmo que você não seja nem queira ser empreendedor, isso serve para qualquer pessoa – mas, se você quiser ter certeza se empreender é para você ou não, escaneie o QR code da página 51 e faça um teste muito eficiente e assertivo.

PROPÓSITO – LOCALIZE SEU SUPERPOTENCIAL

SE PODEMOS DEIXAR O MUNDO MELHOR, POR QUE O DEIXARÍAMOS IGUAL OU PIOR?

@davibraga

https://www.davibraga.com.br/
perfilempreendedor

Não me entenda mal: quem diz que riqueza material não importa está mentindo. Dinheiro é importante, sim, mas para trazer liberdade e autonomia, como resultado de um trabalho bem-feito e bom para a sociedade. Não é pelo dinheiro, é pela liberdade, pelo protagonismo, para deixar um legado, fazer a diferença e explorar o próprio potencial.

A liberdade nos proporciona felicidade. Com dinheiro em mãos, esse ciclo virtuoso só cresce, pois temos liberdade para estar cada vez mais conectados com o nosso propósito e com a nossa verdade. A riqueza financeira, portanto, vem como consequência desse processo.

Tenha sempre em mente que sonho sem vontade e planejamento não se transforma em projeto; projeto sem ação não acontece; ação sem propósito não tem utilidade nem leva ao sucesso. Dito de outra forma, dinheiro não é ruim, mas a priorização dele sobre outras coisas é o que traz problema. Porém, quando você enxerga o dinheiro como consequência e não como propósito, acredite: está no caminho para retornos muito maiores do que pode imaginar.

COMO ENCONTRAR SEU PROPÓSITO INCENDIADOR

Para chegar ao seu superpotencial, você precisa de um propósito claro. Afinal, quanto mais você estiver conectado ao seu propósito, mais sua potência é elevada. E o propósito nada mais é do aquilo que sustenta toda a sua trajetória, seja nos momentos de sucesso, seja nos momentos de dificuldade.

Encontrar esse propósito, no entanto, pode ser bastante desafiador para muita gente. Mas a verdade é que a melhor maneira de descobrir o seu propósito é não procurando por ele. Seu coração é sua melhor bússola para encontrar seus sonhos; sua cabeça é a melhor bússola para lembrar-se de seus valores. Pergunte a si mesmo, encontre seus sonhos e os valores que tem dentro de si e acrescente aquele viés coletivo de que falamos. É assim que você descobre o seu propósito.

> Fórmula de declaração e execução de propósito:
>
> **Sonho + Valores + Viés coletivo**
> **=**
> **Propósito → Motivação > Missão > Objetivo**

Quando se fala em propósito, é comum pensar que precisamos achar aquela única coisa que nos fará verdadeira e profundamente felizes e plenos. Mas é justamente o contrário. Propósito não diz respeito a buscar apenas uma coisa que deve suprir o que está faltando. Propósito diz respeito ao contato com as nossas paixões, que, por sua vez, dizem respeito a enxergar possibilidades de fazer o que nos motiva em várias situações.

É por isso que encontrar o propósito parece tão difícil: exige certa indisciplina, o que soa um pouco contraintuitivo. Sim, propósito está muito relacionado a disciplina, mas, na verdade, a indisciplina também tem serventia quando falamos nele. Precisamos da disciplina para seguir nosso propósito, mas também precisamos da indisciplina na hora de encontrá-lo. Porque tudo que tem a ver com o nosso mundo interior, como sonhos e paixões, é domínio da indisciplina. São coisas que não controlamos, por mais que queiramos. É preciso indisciplina para validar nosso mundo interior, é preciso aceitar trombar com o acaso, para depois, através do filtro da disciplina, achar meios tangíveis de transformar sonhos e paixões em prática.

É o encontro da validação da indisciplina interior com a ação da disciplina exterior que permite que o seu propósito seja concretizado, e, assim, que você chegue mais perto do seu superpotencial.

O que você está esperando para testar seus conhecimentos e se desenvolver? Continue a nossa jornada gamificada de empreendedorismo e ganhe moedas!

https://bit.ly/livrodavi-02

CAPÍTULO 3
PROTAGONISMO – MATERIALIZE SEU SUPERPOTENCIAL

Vamos agora tratar de um assunto indispensável para esta jornada: você, o protagonista. Talvez, ao se deparar com o nome "protagonista", você tenha se assustado por ainda não conseguir visualizar que pode ser um. É que um protagonista da vida real, diferente da ficção e do que muita gente imagina, não é aquela pessoa que salva o mundo inteiro ou que faz coisas sobrenaturais. Também não precisa ser responsável por um grande feito para a humanidade, como Nelson Mandela ou Albert Einstein. Um protagonista pode ser, simplesmente, alguém que enfrenta os próprios medos e expande a sua zona de conforto para que consiga ter uma vida verdadeiramente autêntica e plena.

Ser protagonista é para você! Mas, para que isso aconteça, você precisa estar em contato direto com quem você verdadeiramente é.

AUTENTICIDADE: O SUPERPODER DE SER ÚNICO

Você nasceu pronto para ser protagonista. Sua identidade autêntica, a combinação de todas as suas peculiaridades – experiências, personalidade, gostos, aptidões etc. – é o seu superpoder. Porque ser diferente é o que vai te levar à sua genialidade. Ser igual vai levar só a... ser igual.

Há pessoas que passam a vida toda trabalhando, esforçando-se ao máximo, dando tudo de si e continuam pequenas. Por que isso acontece? Porque essas pessoas não estão focando sua autenticidade. Elas estão focando ser iguais a todos.

Mas você é um protagonista, e um protagonista honra as próprias capacidades, cresce até onde quiser, conquista objetivos que traçou para si mesmo, pode optar pelos próprios caminhos, com espaço, com liberdade. Ser protagonista é agir de maneira que conscientemente te leve a extrair o máximo de você e da vida.

Para encontrar sua originalidade, primeiramente é preciso alimentá-la. Parece óbvio, mas, para muita gente, não é: para ser original, você precisa consumir coisas originais e evitar as tendências e modinhas. É bom conhecê-las, sim, mas estude também o que é ignorado e esquecido. É o consumo do diferente que leva ao pensamento diferente.

Na busca por sua essência original, também é útil seguir seus interesses e curiosidades genuínos. Pergunte-se, então, qual ingrediente natural você tem que pode ser uma vantagem sua em relação aos outros. E, então, com a sua liberdade, escolha jogar um jogo que consegue ganhar. Você com certeza tem alguma ideia, experiência, traço de personalidade ou algo do tipo que seja uma vantagem deslavada, que torne algo muito mais fácil para você.

Você pode estar pensando agora que não é bom em nada, mas eu preciso te interromper e te dar um chacoalhão: todos nós temos aptidões naturais! O problema é que, ao longo da nossa vida, principalmente na escola, somos ensinados a não focar aquilo em que já somos bons. E aí acabamos acreditando que não temos pontos fortes.

Por exemplo, se somos excelentes em literatura e péssimos em física, somos direcionados a estudar menos literatura e mais física. Deveria ser exatamente o contrário! Se você é excelente em algo, já há um grande indicativo de que está próximo de sua autenticidade, ou seja, de uma vida de realização, felicidade e prosperidade. Mas não: na lógica da escola, é melhor ser mediano em tudo do que excelente em um ponto e ruim em outro.

Se você se respeita no sentido de estar vivendo em sua autenticidade, também respeita o seu tempo. Não faz sentido gastar tanta energia em algo em que não é tão bom assim. É muito esforço para pouco (ou, às vezes, nenhum) resultado.

Por isso, o jogo não é melhorar os seus pontos fracos. O jogo é melhorar os seus pontos fortes, tornar-se cada vez melhor naquilo em que você já é naturalmente bom. Não significa que você nunca precisará lutar batalhas em que terá que melhorar seus pontos fracos, mas você vai fazer isso de maneira consciente. Você sempre vai produzir muito mais e de maneira mais efetiva a partir do momento em que consegue estar de fato vivendo sua autenticidade, utilizando aquilo que é natural para você.

Quando a gente fala em manter viva a nossa criança interior, não é baboseira. Tente manter viva aquela sua aptidão natural, aquilo que você pode não ter cultivado porque te falaram que era besteira ou porque você foi forçado a focar em algo que não era a sua praia. O caminho para a autenticidade é bem por aí.

Convido você a ser o seu próprio herói, a começar a ter resultados que te pareçam inexplicáveis. Lembre que não é só você que ganha com isso: o mundo todo se beneficia de suas habilidades, porque você é o único que pode fornecê--las. E, de quebra, ainda pode inspirar as pessoas ao seu redor a encontrar suas próprias zonas de genialidade. Você é um protagonista. Cresça até onde conseguir. Descubra sua autenticidade para que o trabalho se torne uma extensão de si mesmo, e não algo horrível que faz você odiar acordar todos os dias. Afinal, a vida é para ser vivida, não temida. Cante a canção que só você pode cantar, escreva o livro que só você pode escrever, desenvolva o produto que só você pode desenvolver, viva a vida que só você pode viver.

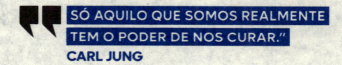

> "SÓ AQUILO QUE SOMOS REALMENTE TEM O PODER DE NOS CURAR."
> **CARL JUNG**

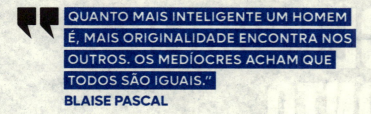

> "QUANTO MAIS INTELIGENTE UM HOMEM É, MAIS ORIGINALIDADE ENCONTRA NOS OUTROS. OS MEDÍOCRES ACHAM QUE TODOS SÃO IGUAIS."
> **BLAISE PASCAL**

ZONA DE GENIALIDADE: SEU SUPERPODER PARA JOGO

Zona de genialidade é um conceito de que eu gosto muito, desenvolvido pelo psicólogo Gay Hendricks. Entender isso é fundamental para você ativar o seu superpotencial, então preste bastante atenção que lá vem teoria! A zona de genialidade é

VOCÊ NASCEU PRONTO PARA SER PROTAGONISTA.

@davibraga

a intersecção entre três aspectos: 1) aquilo em que você é naturalmente bom, ou seja, seus pontos fortes; 2) aquilo que você faz com prazer, que te traz felicidade e realização; 3) aquilo que te traz resultados e retornos, incluindo financeiros.

Sua zona de genialidade já está dentro de você, porque ela é justamente a sua autenticidade. Ela é o que você faz tão casualmente e sem esforço que, enquanto executa, perde a noção do tempo. É o que você faria até mesmo se não fosse ganhar um tostão sequer. Quando você está na sua zona de genialidade, coloca seus superpoderes (suas habilidades autênticas) para jogo e, exatamente por isso, seus ganhos superam de modo expressivo a quantidade de trabalho que você emprega. Ou seja, você não precisa trabalhar x para ganhar x, porque pode trabalhar a mesma quantidade x para ganhar 50x. Só que isso traz muitas dúvidas. Será que dá mesmo para fazer algo que eu amo tanto e ainda ganhar por isso? Parece bom demais para ser verdade, mas dá, sim. Só que essa dúvida tão comum não é sem motivo, não. Ela tem uma explicação.

Quando estamos na nossa zona de genialidade, as coisas que fazemos nos parecem tão fáceis que não entendemos por que qualquer pessoa teria dificuldade naquilo. A gente pensa que o que é fácil para nós é fácil para todos e não se dá o crédito que merece. Ou, até pior, pensamos: "Isso, para mim, nem é trabalho, então que valor isso poderia ter?". Ao pensarmos assim, estamos esnobando a nossa própria zona de genialidade, olha só. E aí a gente passa a pensar que o trabalho importante, que vai dar dinheiro, é necessariamente o trabalho que é difícil para nós. Ou então pensamos que, ao viver em nossa zona de genialidade, vamos morrer de fome – é bem aquele estereótipo pejorativo do artista que larga tudo para viver de sua arte, mas não tem sucesso e acaba na miséria. Mas a verdade é que existem algumas pessoas vivendo na zona de genialidade que são inconscientemente competentes. Ou seja, elas são muito boas, excepcionais, mas não se dão conta disso. Caso se dessem, não teriam tantas dúvidas sobre si mesmas. Entenda: o que é fácil para um não é necessariamente fácil para todos. E é nessa exata brecha que você conseguirá gerar mais impacto e renda. Sim, ao mesmo tempo!

É fato que estar nessa zona não é nada confortável. É uma jornada de dúvidas e, às vezes, de solidão. Mas lembre: essa é a jornada do superpotencial. Você está disposto a abrir mão de uma vida mediana por uma vida vivida ao máximo? Esteja preparado: pessoas que têm luz própria costumam ofuscar as outras sem querer. E, quando alguém olha para você e te vê lá, vivendo sua melhor vida, sendo você mesmo, prosperando, automaticamente um botão é pressionado dentro dessa pessoa, um botão que diz: "Caramba, eu não sou boa o suficiente". Isso significa que você vai ser criticado, sim, porque é normal que as pessoas que estão na zona de genialidade sejam criticadas. A consciência coletiva da massa não aceita que alguém suba de nível a ponto de estar acima do nível da própria massa. Tenha coragem e persevere. Críticas significam que você provavelmente está no caminho certo. Não se acanhe, ponha suas habilidades na mesa, faça acontecer, coloque toda a sua energia em encontrar a sua zona de genialidade e, então, construa sua vida ao redor dela. Esse é o único caminho para viver a vida ao máximo, para deixar de ser potencial e se tornar potência, para deixar de ser teoria e ser prática.

> A GENIALIDADE É A CAPACIDADE DE REALIZAR AQUILO QUE EXISTE NO PENSAMENTO."
> **F. SCOTT FITZGERALD**

FUJA DESTAS CILADAS

A zona de genialidade é fundamental para que você chegue cada vez mais perto do seu superpotencial. Mas a teoria de Hendricks também traz outras zonas importantes. Afinal, a noção clara da sua posição atual dentro dessa teoria vai também te ajudar a ir mais longe. São elas: a zona de incompetência, a zona de competência e a zona de excelência.

Quando você está na zona de incompetência, tem não só um baixo nível de competência mas também um baixo nível de entusiasmo. Você não é bom no que faz, e muitos são melhores que você. Essa zona me lembra muito, por exemplo, um colaborador que não é produtivo realizando sua função, mas é brilhante executando outra. Isso não significa que ele era uma pessoa incompetente; significa apenas que ele não estava operando em sua zona de genialidade.

Já na zona de competência, suas habilidades são medianas, ou seja, você é bom como a média, o que significa que alguns ainda são melhores do que você. O baixo nível de entusiasmo permanece aqui. É como aquela pessoa que faz medicina só porque dá dinheiro. Ela passa nas provas de qualificação e, portanto, é competente. Mas, no dia a dia, opera no automático, sem paixão alguma pelo que faz. Qual a probabilidade de se tornar a melhor naquela função? Zero.

Na zona de excelência, você é extremamente habilidoso, e não há muitos melhores que você. O baixo entusiasmo com seus afazeres, no entanto, persiste. A gente poderia exemplificar essa zona com um cara que é muito bom em matemática, que ganha olimpíada atrás de olimpíada, rodeado de pessoas que não conseguem imaginá-lo fazendo outra coisa senão matemática. Ele passa na faculdade mais concorrida e continua sendo o primeiro da turma. Mas esse cara gosta mesmo é do seu hobby: montar maquetes. Por ele, a matemática podia se explodir se ele fosse capaz de sobreviver só construindo maquetes – embora sua família considere esse um hobby muito bobo. Tome cuidado com a zona de excelência, ela é uma cilada! A sociedade quer que você acredite que ela é o teto e que não há mais para onde crescer a partir daí. <u>Habilidade sem paixão é algo perigoso, porque paga bem.</u>

Finalmente, na zona de genialidade, ninguém faz como você – e ninguém te segura! Suas habilidades são excepcionais, e só aqui você experimenta um alto nível de entusiasmo e resultados fazendo o que ninguém sabe fazer igual. O cara da matemática, se conseguisse unir sua aptidão com números e sua paixão por maquetes por meio, por exemplo, da arquitetura, poderia chegar à zona de genialidade. Bastaria, então, que ele pesquisasse e identificasse quais áreas da arquitetura hoje em dia são promissoras para que tivesse os maiores retornos e resultados possíveis com o mínimo de esforço e o máximo de satisfação pessoal. O tempo que esse cara conseguiria economizar nas tarefas mecânicas seria um tempo que ele poderia utilizar para desenvolver outras habilidades, como se engajar em um hobby ou pensar no seu futuro.

É importante entender que você não precisa passar, necessariamente, por todas as zonas antes de chegar à zona de genialidade. Também é importante entender que não é nada fácil encontrar sua zona de genialidade e de fato operar nela. É realmente um processo, uma jornada de testes, erros e acertos. Mas não ignore o seu propósito por medo. Sim, a sociedade nos ensina que o trabalho e as coisas que amamos são duas coisas separadas, que não podem se misturar. Mas a sociedade também nos ensina a nos conformar com a zona de competência e excelência. Ela nos ensina a não extrapolar os limites da nossa caixa. Ouse extrapolar esse limite. Ouse prosperar dentro da sua zona de genialidade.

COMO IDENTIFICAR A SUA ZONA DE GENIALIDADE

Até agora, vimos muita teoria, então vou guiar seu raciocínio para que você entenda na prática como identificar a sua zona de genialidade através de muita conversa consigo mesmo. Preparado para o método? Vamos lá!

Como vimos algumas páginas atrás, cada pessoa é única. Mas, quando o assunto é zona de genialidade, ter essa afirmação como verdade absoluta é cem vezes mais importante. Porque operar nessa zona é justamente parar de jogar jogos de comparação, parar de jogar jogos de outras pessoas e começar a fazer as regras do seu próprio jogo – e efetivamente jogar seu próprio jogo. É por isso que identificar a sua zona de genialidade passa, necessariamente, por um processo profundo de autoconhecimento. Você precisa conhecer muito bem em si mesmo os três elementos que a compõem: 1) felicidade e realização; 2) pontos fortes; e 3) resultados e retornos. Vejamos alguns exercícios para que você encontre cada um deles dentro de si.

Felicidade e realização: São suas paixões, aquilo que você faria mesmo que não desse dinheiro. Pergunte-se:

- Que trabalho eu faria mesmo sem incentivos financeiros ou motivacionais?
- Se eu pudesse fazer algo todos os dias, sem ficar entediado, o que seria?
- Qual trabalho não parece trabalho para mim?
- Por quais assuntos eu me interesso em saber mais (ou de quais gosto de falar)?
- Qual é a parte preferida do meu dia?
- Quais são meus hobbies?

Pontos fortes: São as habilidades e os talentos que vêm naturalmente. Pergunte-se:

- Em quais habilidades, mesmo sem esforço, consigo me destacar?
- O que eu tenho que as pessoas ao meu redor não têm?
- O que as pessoas frequentemente dizem sobre mim, tanto elogios quanto advertências? (Você também pode perguntar isso a elas.)
- Em que trabalho eu consigo produzir ideias criativas e inovadoras sem esforço?
- Existe algo na minha formação que pode ser um traço autêntico (por exemplo, línguas que falo, experiências de trabalho, educação etc.)?
- Quais são minhas três maiores qualidades?
- Existe algo na minha experiência de vida que pode ser um traço autêntico (por exemplo, cidade onde cresci, família, condições físicas etc.)?
- Em que disciplinas eu era ou sou bom na escola, graduação ou pós-graduação?

Resultados e retornos: São as oportunidades de prosperidade que você identifica em sua vida e no mundo. Pergunte-se:

- Que problemas da minha comunidade ou área eu poderia ajudar a solucionar?
- O que tenho e que é valorizado pelo mercado do qual quero fazer parte?

TENHA CORAGEM E PERSEVERE. CRÍTICAS SIGNIFICAM QUE VOCÊ PROVAVELMENTE ESTÁ NO CAMINHO CERTO.

@davibraga

- Quais problemas atuais na minha vida poderiam ser revertidos em oportunidades?
- Quais problemas atuais no mundo poderiam ser revertidos em oportunidades?
- O que me gera a maior proporção de abundância em relação ao tempo gasto?
- Já fiz alguma coisa que foi vista como inovadora ou disruptiva?
- Já fiz alguma coisa que me trouxe um resultado acima do que esperava?

Esses exercícios de autorreflexão são muito importantes, porque às vezes as oportunidades estão batendo à porta, mas o barulho mental é tanto que a gente não escuta. Depois de identificar seus três pontos-chave, você estará pronto para identificar sua zona de genialidade, que fica na intersecção dessas três seções.

Não é fácil, pois exige muita vulnerabilidade e disposição. Mas vai valer a pena quando você sentir que encontrou sua verdadeira casa. Seja curioso, tente coisas novas, conheça pessoas, viva o acaso, peça ajuda e empenhe-se. Quanto mais experiências você tiver, maior a sua chance de esbarrar com sua zona de genialidade.

Tome o tempo de que precisar para garantir que sua zona de genialidade está certa mesmo.

Não se contente com a dúvida. Como ter certeza? Preste atenção às evidências. Pare para pensar nos momentos da sua vida em que você esteve mais feliz fazendo alguma coisa, quais foram aqueles em que alguma habilidade sua se destacou da maioria. Não tem evidências ainda? Continue vivendo. Mas vivendo mesmo, para valer. Porque é só através das experiências de vida que você poderá reunir mais evidências para encontrar sua zona de genialidade. Pode confiar, você vai chegar lá.

Você está pronto para colocar em prática o que aprendeu sobre protagonismo? Avance na jornada gamificada e ganhe moedas enquanto aprende!

https://bit.ly/livrodavi-03

CAPÍTULO 4
DISCIPLINA – FAÇA SEU SUPERPOTENCIAL ACONTECER

Presente, passado e futuro: já parou para analisar a sua relação com eles? Fique atento, pois excesso de pensamento no passado pode te colocar em um modo nostálgico ou até depressivo, enquanto o excesso de futuro pode deixá-lo com uma mentalidade afobada e ansiosa. Nenhum desses excessos vai te levar a deixar de ser potencial para ser máxima potência. Pelo contrário: eles podem deixá-lo paralisado, preso a um tempo em que você não tem nenhum poder de ação. Então, se for para cometer algum excesso, que seja um excesso de presente. Pois você só pode agir e ser o melhor possível no agora. Vamos, então, ver a forma certa de encarar cada um desses tempos para que você faça seu superpotencial acontecer e não seja uma pessoa que poderia ter sido e não foi, mas uma pessoa que é e será o máximo que pode ser.

PASSADO: O LEITE DERRAMADO

Somos viciados em ser nós mesmos. Quando aprendemos a ser algo, tendemos a continuar agindo da mesma forma. Isso é ainda mais verdade quando essas nossas ações trouxeram resultados positivos no passado. Mas você não precisa ser escravo do que aprendeu a ser, sempre é possível mudar e decidir agir de maneira diferente no presente. Se no passado a sua conduta não foi das que te causaram mais orgulho, não adianta ficar remoendo o que fez ou deixou de fazer. Mas se, mesmo assim, isso ainda te incomoda, utilize como compensação o controle que você tem sobre as suas ações do presente de tal maneira a mudar o seu futuro.

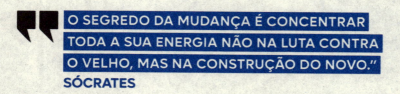

"O SEGREDO DA MUDANÇA É CONCENTRAR TODA A SUA ENERGIA NÃO NA LUTA CONTRA O VELHO, MAS NA CONSTRUÇÃO DO NOVO."
SÓCRATES

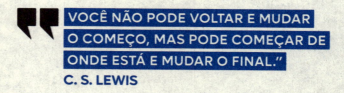

"VOCÊ NÃO PODE VOLTAR E MUDAR O COMEÇO, MAS PODE COMEÇAR DE ONDE ESTÁ E MUDAR O FINAL."
C. S. LEWIS

NÃO SEJA UMA PESSOA QUE PODERIA TER SIDO E NÃO FOI, MAS UMA PESSOA QUE É E SERÁ O MÁXIMO QUE PODE SER.

@davibraga

FUTURO: O CARRO NA FRENTE DOS BOIS

Muita gente também coloca a cabeça apenas no futuro, apenas na consequência do que está fazendo. É como se você, subindo uma escada, parasse de olhar para o degrau em que está e olhasse somente para o final. O que aconteceria? Você certamente tropeçaria. Se os seus olhos estiverem apenas pensando nos frutos, nos ganhos que suas ações podem proporcionar, você nunca vai viver o que precisa viver para chegar aonde quer chegar. Então, apesar de ser necessário, sim, ter grandes objetivos e imaginar aonde se pode chegar, ao mesmo tempo é necessário entender que esses resultados serão apenas consequências de um trabalho bem-feito no presente. O futuro não é feito de pensamento no futuro; quem vive assim é um mero sonhador, alguém que nunca conseguirá externalizar sua potência através de feitos práticos.

> "A MELHOR FORMA DE PREVER O FUTURO É CRIÁ-LO."
> **PETER DRUCKER**

PRESENTE: O TIJOLO DO FUTURO

A relação definitiva entre presente e futuro é definida pela lei da semeadura. Segundo ela, você planta no presente para colher no futuro. Mas, se você pensar apenas na colheita e se esquecer do plantio, nunca colherá nada. Você pode ter todas as desculpas do mundo, o mundo não perdoa: se não plantar, não vai colher. Porque o seu futuro é construído no presente. Se você estiver com a cabeça apenas no futuro, nunca vai conseguir viver suficientemente no presente para construir o futuro que quer. Grave bem isso!

Construa um pouco todos os dias – mas construa algo! É o conjunto de pequenas ações no presente que gerará os resultados do futuro. E tenha paciência. Os frutos, uma hora, virão. Assim, você não precisa esperar pelas coincidências e oportunidades úteis e agradáveis da vida, já que estará ativamente construindo o futuro que espera. Mas ter paciência sem ação... aí já é esperar por um milagre. E com milagres (embora eles possam acontecer) você não pode contar. Seu trabalho não precisa ser um martírio, um fardo. O prazer está justamente nessa jornada, na construção. No desafio de se desafiar aqui e agora.

Nunca espere as condições perfeitas para começar; é bom eu te avisar que elas nunca virão. Tome cuidado: a procrastinação costuma se disfarçar de preparação! Você é o capitão do seu barco. Se ficar apenas pensando e não tomar nenhuma atitude, seu barco não vai a lugar algum. Se deixar o seu barco ser comandado por outra pessoa, talvez o destino não seja aquele que você deseja. Portanto, aja! Faça o seu melhor com as ferramentas disponíveis no momento em que está.

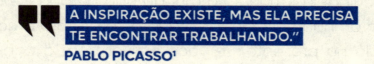
"A INSPIRAÇÃO EXISTE, MAS ELA PRECISA TE ENCONTRAR TRABALHANDO."
PABLO PICASSO[1]

DOPAMINA OU DISCIPLINA?

"O nosso cérebro foi moldado em uma época de miséria, em que não havia comida. Então nós tendemos a comer o máximo que podemos, como faziam os nossos ancestrais, e depois ficar parados, sem praticar exercício." Essa é a explicação que o dr. Drauzio Varella dá à dificuldade extrema que os seres humanos têm de se exercitarem fisicamente. Ele continua: "Se você está esperando que venha uma vontade de fazer exercício, ela não virá, posso garantir. As pessoas que dizem 'eu [me] levanto já disposto' são mentirosas. A gente [se] levanta com preguiça, com vontade de ler o jornal, tomar o café da manhã. Você só conseguirá fazer exercício se você encarar isso com disciplina militar, se você encarar isso como uma coisa muito importante na sua vida. Se não fizer assim, não vai dar certo".[2]

---

[1] PICASSO, Pablo. Cambio 16: Edições 884-887, **Información y Publicaciones**, S. A., 1988.

[2] PREGUIÇA | Coluna #5. 2014. Vídeo (2min47s). Publicado pelo canal Drauzio Varella. Disponível em: https://www.youtube.com/watch?v=GsOieSsdlzg. Acesso em: 19 out. 2022.

O que o dr. Drauzio diz tem relação direta com o seu superpotencial. Porque muita gente tem uma dificuldade tremenda em abrir mão dos retornos e prazeres imediatos em prol de algo maior, que é uma característica marcante daqueles que decidiram essa jornada. O cérebro humano não está condicionado para agir de acordo com os prazeres a longo prazo. Isso é contraintuitivo para nós. E é muito importante que você saiba disso para que entenda que, sim, é difícil preferir a disciplina à dopamina, mas é vital, se você quer mesmo atingir o seu superpotencial, que você escolha a primeira.

Ok, mas... o que é dopamina? É um mediador químico do cérebro que regula diversas funções, incluindo as sensações de recompensa, motivação e prazer. Por isso, ela é utilizada como símbolo do prazer imediato. Ao escolher a dopamina em vez da disciplina, você está escolhendo com aquele cérebro primitivo, dos nossos ancestrais. É a escolha mais fácil, mas também potencialmente aquela com menos resultados positivos a longo prazo. Já escolhendo a disciplina em vez da dopamina, você deixa de ser escravo dos seus impulsos, percebe que é possível, sim, tomar as rédeas da sua própria vida e não ser uma vítima do acaso. Normalmente, o caminho mais difícil e trabalhoso é o que mais traz resultados. É como dizem: escolhas fáceis, vida difícil; escolhas difíceis, vida fácil.

A escolha pela disciplina é a única escolha possível se você quer atingir o seu superpotencial. Não adianta espernear. Chegar a grandes objetivos leva tempo. Não é do dia para a noite. Então é lógico que você vai ter que abrir mão de coisas que trazem prazer imediato e pensar mais no prazer que terá quando realizar os seus sonhos lá na frente. É aquela visão sobre o presente de que falamos nos primeiros passos deste capítulo: faça as melhores escolhas aqui e agora para construir os resultados que você deseja ver no futuro.

E, sabe, essa coisa de diferenciar prazeres imediatos de duradouros e privilegiar esse segundo tipo de prazer já existe há muito tempo. Por que não pegou para todo mundo até agora, eu não sei – mas bem que deveria. Chama-se epicurismo, porque foi um cara chamado Epicuro, na Grécia Antiga, que a pensou. Para ele, grosso modo, os prazeres imediatos são negativos e devem ser evitados, porque não contribuem para uma vida equilibrada. Já os prazeres duradouros são positivos e devem ser buscados pelo ser humano, pois esses sim podem proporcionar uma vida equilibrada. Aqueles que conseguem abrir mão dos prazeres imediatos são os que conseguem acessar os prazeres duradouros e, assim, viver uma vida de equilíbrio.

É claro que a jornada do equilíbrio não é linear e passa pelo desequilíbrio. Mas o que Epicuro pensava faz todo o sentido. Traduzindo para a nossa jornada, podemos dizer que, para atingir o superpotencial (prazer duradouro), é preciso abrir mão dos prazeres imediatos. Por exemplo, se, para dar o melhor de si no trabalho, você precisa comer bem e praticar atividades físicas, o que você faz? Tome uma decisão e mantenha em vista que as mesmas atitudes somente levam aos mesmos resultados.

Agora que você já entendeu que precisa estar no presente, escolher a disciplina e construir algo todos os dias para fazer o seu superpotencial acontecer, talvez esteja batendo uma insegurança. É todo santo dia mesmo, sem exceção? Idealmente, sim, um pouquinho a cada dia. Disciplina é liberdade. Ao mesmo tempo, entendo que a vida nem sempre é ideal. A gente precisa afrouxar de um lado ou de outro para acomodar as exceções. Mas você tem que ter responsabilidade, porque vai abrir mão de algo ou terá que compensar algo no futuro. Por exemplo: você decidiu ir a uma festa em vez de trabalhar, mesmo quando sabia que deveria estar trabalhando. Não que seja errado ir a uma festa em vez de trabalhar, nada disso. A vida acontece, as pessoas fazem aniversários, você também precisa de momentos de lazer etc. Mas é preciso ter a responsabilidade de assumir as consequências dos seus próprios atos. Pergunte-se: vale a pena trocar esse momento de disciplina por um momento de dopamina? Se sim, banque as consequências. Trabalhe mais no dia seguinte ou deixe para lá e entenda que está retardando o que você pode ser. E cuidado com os excessos de exceções: para elas virarem regra é um pulo.

Não tem mágica, tem é muito trabalho e decisões difíceis diárias – mas que, com o tempo, tendem a se tornar cada vez mais fáceis. Comece, então, a realizar esses atos de disciplina que vão te levar aos melhores resultados. O ato de servir, por exemplo, que é extremamente poderoso e importante ao longo dessa jornada, para muita gente é encarado com desdém. Essas pessoas pensam: "Não vou servir ninguém se não estou ganhando nada agora, no presente". Nada a ver. Pare de olhar somente para o próprio pé. Olhe para a frente, para cima, para os lados e dê o primeiro passo.

UMA EXCELENTE IDEIA VALE UM CENTAVO

Construir algo pequeno todos os dias é aquele tipo de coisa que parece fácil e factível no papel, mas que, na hora do vamos ver, coloca a gente em parafuso. É por isso que, para fazer o seu superpotencial acontecer por meio de ações diárias, você precisará de alguma motivação. Então eu vou te contar como se motivar: não dá para construir nada com ideias que você *pretende* realizar. Desculpe o balde de água fria, mas você só constrói algo com o que fez e faz de concreto. Então saia da sua cabeça, do mundo das ideias, e venha o mais rápido possível para o mundo real. O mundo das ideias está entupido de excelentes ideias, mas sabe quanto vale cada uma delas? Um centavo. Ou nem isso. No seu projeto, a ideia vale alguma coisa, mas a execução é o que dita se ele é bem-sucedido ou não. Dá só uma olhada na fórmula a seguir:

IDEIA × EXECUÇÃO = VALOR DO PROJETO

Ideia ruim = -1	Nenhuma execução = R$ 1
Ideia fraca = 1	Execução fraca = R$ 1.000
Ideia mais ou menos = 5	Execução mais ou menos = R$ 10.000
Boa ideia = 10	Boa execução = R$ 100.000
Ótima ideia = 15	Ótima execução = R$ 1.000.000
Ideia brilhante = 20	Execução brilhante = R$ 10.000.000

É importante dizer que essa fórmula não é perfeita nem aplicável na realidade, mas ela dá uma boa noção do peso da execução em seus projetos. O ponto é: construir coisas é muito mais importante que acumular ideias. Ideias são abundantes por natureza, e a falta delas nunca será um problema. O problema é a concretização. Por isso, reúna suas habilidades e comece a construir a sua ideia. Está faltando alguma habilidade? Corra atrás e vá desenvolvê-la. E lembre-se de que construir coisas não significa necessariamente construir produtos. Você pode construir presença virtual, um podcast, uma carreira... o que você quiser! Só faça.

O MUNDO NÃO PERDOA: SE NÃO PLANTAR, NÃO VAI COLHER.

@davibraga

LEI DO ESFORÇO INVERTIDO

É claro que construir coisas (e, mais que isso, construir um pouco delas todos os dias) não é fácil. Mas isso pode ser facilitado em muito pela lei do esforço invertido. Já ouviu falar nela? A lei do esforço invertido é a ideia de que, quanto mais tentamos nos sentir bem, mais insatisfeitos ficamos, pois a busca por alguma coisa só reforça o fato de que não a temos.

Para a jornada do superpotencial, isso significa que, no final das contas, o jogo não é só trabalhar muito. Não é só fazer esforço, é fazer um esforço inteligente. É otimizar processos ao máximo também para que você sinta satisfação pelo que fez e aproveite a jornada no presente em vez de ficar antecipando e sonhando apenas com o momento de colheita de resultados.

Entenda mais sobre como você aprende. Entenda como reage diante de cada situação. Entenda, de maneira consciente, as atitudes inconscientes que lhe tiram a possibilidade de viver o que você pode viver, que o estão limitando. Você vai ver como sua vida vai ficar mais plena e leve. Só que isso você só consegue com consciência, ou seja: lembre-se do que falamos sobre o presente. Esteja presente aqui e agora ou você não estará presente em lugar ou tempo algum.

MODELO DE GESTÃO DE PRIORIDADES

A ideia é fazer acontecer? Então conheça o Modelo de Gestão de Prioridades, uma forma prática e eficiente de enxergar e organizar sua vida a longo, médio e curto prazo – para fazer seu superpotencial sair do papel de vez.

- Preencha um Modelo de Gestão de Prioridades para cada área importante da sua vida. Por exemplo, se você quer considerar as áreas de saúde, empreendedorismo e social, deverá preencher três modelos como esse.

- Por que se dar esse trabalho todo? Por dois motivos: para transformar sua ideia em algo concreto e porque isso liberta você de pensar tanto no futuro (uma vez que tudo já estará planejado em detalhes). Assim, você consegue se concentrar no presente e fazer o melhor que pode fazer para atingir o seu superpotencial. Afinal, "só" isso já é bastante trabalho. Você precisa se dar esse tempo!

- Comece pelo seu propósito, ou seja, um objetivo que nunca terminará na sua vida. Por exemplo, na área social ou de empreendedorismo, sua missão pode ser criar uma rede de networking forte.

- Depois, desça para as suas visões. Faça o exercício de perguntar-se como você quer que sua vida seja dentro de dez, cinco e três anos, em formato de declaração. Por exemplo:

  - <u>Visão em dez anos:</u> *Eu tenho muitos contatos influentes em diversas áreas de negócios, com quem sei que posso contar para qualquer negócio, sendo que muitos deles são meus amigos próximos.*

  - <u>Visão em cinco anos:</u> *Eu tenho alguns contatos influentes em diversas áreas de negócios, com quem sei que posso contar para qualquer negócio.*

  - <u>Visão em três anos:</u> *Eu tenho alguns contatos influentes em diversas áreas de negócios.*

DISCIPLINA É LIBERDADE.

@davibraga

- Objetivos são declarações mais específicas que têm um resultado quantificável e cujo sucesso pode ser facilmente mensurado. Por exemplo:
  - Objetivo do ano: *Eu conquistarei doze novos contatos.*
  - Objetivo do trimestre: *Eu conquistarei três novos contatos.*
  - Objetivo do mês: *Eu conquistarei um novo contato.*
- Tarefas são bem parecidas com objetivos: declarações específicas que têm resultado quantificável e que devem contribuir para que você atinja seus objetivos do mês. Por exemplo:
  - Tarefas da semana: *Ir à festa e à palestra e trocar contatos com pelo menos cinco pessoas em cada ocasião.*
  - Tarefas do dia: *Ir à palestra e trocar contatos com pelo menos cinco pessoas.*
- Revisite e revise tudo regularmente. A vida não é estática e é bem provável que você precise adaptar seu planejamento a ela. Não esqueça: escreva suas visões à caneta e seus planos a lápis. Isto é, suas visões precisam ser mais consistentes e mudar pouco, enquanto seus planos podem (e devem) ser mais flexíveis e mudar de acordo com a necessidade.

Quer descobrir o seu superpotencial? Continue a nossa jornada gamificada exclusiva e teste todos os seus conhecimentos!

https://bit.ly/livrodavi-04

CAPÍTULO 5
COMBUSTÍVEL – ALIMENTE SEU SUPERPOTENCIAL

Para manter acesa a chama de uma fogueira, chur-rasqueira ou lareira, é preciso ter combustível. Sem oxigênio e madeira ou carvão, a chama se apaga. Por isso, agora que você já acendeu o fogo interno do seu superpotencial, é hora de aprender a alimentá-lo. Caso contrário, ele não sobreviverá. Não, os sucessos do passado não são um alimento nutritivo. Para encher a barriga do seu superpotencial e permanecer em movimento, é necessário estar em constante evolução e recalcular constantemente a sua rota e os seus objetivos. Para ter uma resposta certa, é preciso fazer muitas perguntas. Para cada acerto, é preciso errar muitas vezes. É exatamente isto o que vai manter a jornada do superpotencial viva dentro de você: a curiosidade e os erros.

CURIOSIDADE: A CRIANÇA VIVA DENTRO DE VOCÊ

Preciso começar dizendo que tudo que conquistei foi fruto da minha curiosidade. Quando comecei, não sabia o que era startup, investimento, muito menos modelo de negócio. Foi a minha curiosidade que me fez ir atrás e aprender, foi a minha cara de pau (que, aliás, é um atributo positivo) que me fez realizar o que realizei, mesmo sem ter domínio completo do que eu estava fazendo. Talvez tenha dado tão certo porque as crianças são naturalmente mais curiosas do que os adultos, e eu comecei cedo, lá com meus *cupcakes* na escola. O pulo do gato foi que eu nunca mais parei. Mantive acesa a chama da curiosidade.

Quando falam em "manter a criança viva" dentro da gente, não é papinho. É muito importante manter essa curiosidade infantil genuína, perguntar-se de novo e de novo "por quê?" e "por que não?". É fazendo essas perguntas e indo atrás de respostas que você vai esbarrar com aquilo que é ideal para você, com aquilo com que você sempre sonhou, mas não sabia como conquistar. Porque a curiosidade destrava a trava do impossível. E aí, não por acaso, mas porque você se esforçou em sua curiosidade, você chega ao seu superpotencial por vias inimagináveis.

Outra coisa que podemos aprender com a curiosidade infantil é a humildade de se colocar em posição de aprendiz. É claro que, no caso das crianças, isso acontece de forma inconsciente, porque elas são uma tela em branco apenas recebendo a tinta das informações do mundo por todos os lados e a todo momento. Mas, quando crescemos, não devemos abandonar a postura de eternos aprendizes. Imagine um computador. Para dar espaço para novos arquivos, é preciso apagar os antigos. O jogo aqui não é só aprender, mas também desaprender para dar espaço para o novo. Humildade não é sinônimo de humilhação. E só é possível aprender se tivermos a humildade de saber que sabemos pouco e de que sempre podemos saber mais.

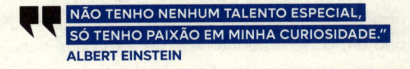

"NÃO TENHO NENHUM TALENTO ESPECIAL, SÓ TENHO PAIXÃO EM MINHA CURIOSIDADE."
ALBERT EINSTEIN

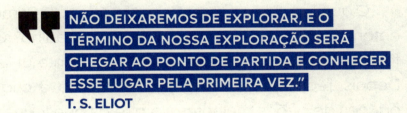

"NÃO DEIXAREMOS DE EXPLORAR, E O TÉRMINO DA NOSSA EXPLORAÇÃO SERÁ CHEGAR AO PONTO DE PARTIDA E CONHECER ESSE LUGAR PELA PRIMEIRA VEZ."
T. S. ELIOT

ERRO: A MAIOR FERRAMENTA DE APRENDIZAGEM

É só errando que se acerta. Por isso, aceite: você só vai atingir a excelência, ou seja, o seu superpotencial, se estiver disposto a falhar. Se você se recusa a correr riscos, não está disposto a ser bem-sucedido. Porque o processo de se tornar bem-sucedido é um processo contínuo de **tentativa, erro e aprendizagem**. Encare os erros não como defeito (algo negativo), mas como experiência (algo positivo).

É importante também explicar como os erros operam para que você esteja preparado para aprender com eles. Uma boa analogia é que sua mente funciona como um computador. Nesse computador, existe um código-fonte, que é o acúmulo do que você construiu ao longo de toda a sua vida. Quando ativado por gatilhos, o código-fonte realiza uma ação. Aí, existem duas opções: o acerto ou o erro. Quando você erra, é porque lá atrás o código foi configurado de modo errado, e então, talvez até sem perceber, você agirá de forma automaticamente errada.

O que fazer para aprender com os erros? Primeiro, entenda as etapas do erro. Qual foi o gatilho? Qual foi a ação? Qual foi a lógica que sua mente utilizou? Depois, reconfigure o código, estudando e criando opções de ações melhores do que as que induziram você ao erro. Por último, veja quais prejuízos o erro em questão lhe trouxe, lembrando-se das sensações que ele lhe causa. O cérebro se lembra, acima de tudo, de sensações, e por isso essa será a maneira mais efetiva de condicionar o seu cérebro a não tomar as mesmas atitudes. Agora, terminando a leitura, pode se levantar da cadeira e ir errar! Ao contrário do que aprendemos, nossos erros são a maior ferramenta de aprendizagem que existe.

> "VOCÊ PODE ENCARAR UM ERRO COMO UMA BESTEIRA A SER ESQUECIDA OU COMO UM RESULTADO QUE APONTA UMA NOVA DIREÇÃO."
> **STEVE JOBS**

> "ERROS SÃO, NO FINAL DAS CONTAS, FUNDAMENTOS DA VERDADE. SE UM HOMEM NÃO SABE O QUE UMA COISA É, JÁ É UM AVANÇO DO CONHECIMENTO SABER O QUE ELA NÃO É."
> **CARL JUNG**

APRENDA A APRENDER

Manter-se prosperando é uma questão de continuar aprendendo. Não é assim: "Quando eu chegar lá, nunca mais vou mover uma palha". O trabalho é contínuo. Se não for, pode anotar: o seu superpotencial voa para longe. Você precisa aprender a aprender sempre. Para se colocar em posição de eterno aprendiz, tem que entender que as ideias não vêm do acaso, do além. As ideias são simplesmente combinações de referências. Então, você precisa se jogar no mundo, viver, ter experiências… aprender! Quanto mais experiências tiver, mais referências vai coletar e mais ideias terá. Todas as ideias inovadoras, disruptivas e revolucionárias surgem da simples (porém sofisticada) capacidade de combinar referências. É como se houvesse luzes de Natal soltas na cabeça e a nossa tarefa fosse conectar essas luzes em um mesmo fio, para que, então, elas tivessem a utilidade de iluminar.

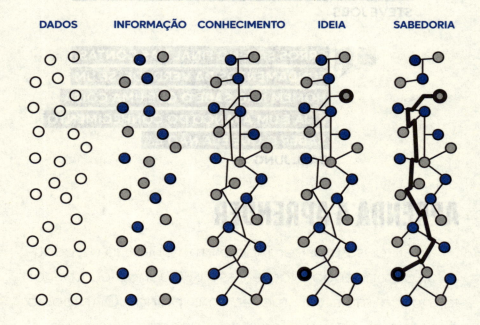

Já falamos sobre a relação entre humildade e humilhação (que uma coisa não tem nada a ver com a outra), mas outro aspecto importante da humildade na aprendizagem é seu equilíbrio com o orgulho. Se Sócrates dizia "só sei que nada sei", isso já nos indica que a humildade é importantíssima, porque, olha, Sócrates era um cara bem inteligente, para dizer o mínimo. Já o orgulho é importante para que a gente aprecie e celebre tudo que somos e conquistamos. Mas há extremos negativos.

Uma pessoa sob o efeito Dunning-Kruger acha que é um gênio absoluto quando, na verdade, não sabe absolutamente nada. Já uma pessoa com síndrome do impostor sabe para caramba, mas acha que não sabe nada. Nenhum desses perfis é saudável. Será que você se encaixa em algum deles? De qualquer forma, o remédio é o mesmo para ambas as condições: continue a nadar. Isso, continue agindo. Porque, ao fazer isso, você perceberá: 1) que você sabe pouco de algumas coisas; 2) que você sabe muito de outras coisas.

Vale também sempre manter o diagrama a seguir em mente, como lembrete de que, sim, você sabe muito, mas também de que não, você não sabe tudo e sempre há muito a explorar. Esse lembrete manterá seus pés no chão e seus olhos no horizonte.

SE VOCÊ SE RECUSA A CORRER RISCOS, NÃO ESTÁ DISPOSTO A SER BEM-SUCEDIDO.

@davibraga

RECALCULANDO A ROTA

Já prestou atenção a como os aplicativos de GPS funcionam? Eles têm uma rota inicial planejada, mas não param de receber informações. E, quando essas informações significam que o trânsito está congestionado, a rota inicialmente planejada muda. A gente precisa funcionar da mesma forma: se a situação parece um congestionamento sem saída, recalcule a rota e vá por outro caminho.

Muitas vezes, quando erramos, acreditamos que se trata de uma falha em nós mesmos. Isso não é sempre verdade. O erro pode ser devido a uma informação que ainda não chegou. Como é que um GPS muda a rota sem receber a informação de que há uma batida de carro causando engarrafamento? Pois é! Este é um dos motivos pelos quais precisamos da curiosidade: para que as informações não parem de chegar nunca, e, assim, erremos menos (ou menos feio, vai).

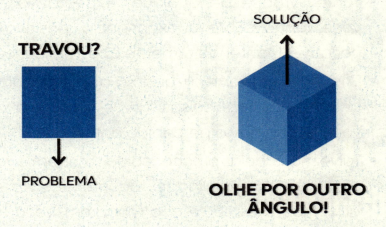

Um exercício bacana para ver as coisas por outro viés e manter o superpotencial em pé é tentar gostar de alguma coisa de que você não gosta ou pela qual não se interessa. Por que fazer isso? Porque, às vezes, a rotina ou o preconceito nos fazem perder o interesse em uma atividade, até mesmo antes de a gente ter dado uma chance a ela. Esse exercício vai forçar você a ver as coisas por outro ângulo para, talvez, começar a enxergar o valor delas e expandir o seu repertório cultural. Então vamos a ele:

- Escolha uma atividade de que você não gosta ou pela qual não se interessa. Pode ser escutar um gênero musical que não é seu preferido, comer uma comida de que você não gostava quando criança ou realizar um afazer doméstico que não é lá muito apelativo para você.

- Tente livrar-se de qualquer expectativa que você tenha sobre a experiência, positiva ou negativa. Mantenha a mente aberta e curiosa.

- Enquanto estiver realizando a atividade, anote pelo menos três coisas novas sobre ela que você nunca havia percebido antes.

- Talvez suas ideias preconcebidas mudem e você abra novas possibilidades de interesse na sua vida. Mas, mesmo se não mudarem, você terá adicionado novas experiências interessantes ao seu repertório – o que, por si só, é excelente!

O MUNDO É INJUSTO... E AÍ?

Há quem diga que o mundo é injusto, pois as oportunidades não são iguais para todo mundo. Eu concordo. Para alguns, talvez seja mais difícil do que para outros. Mas é assim que o jogo funciona. E eu acredito que a forma como você joga o jogo é mais importante que o próprio jogo. É aí que entra a sua decisão. Você pode: tomar ações independentemente das circunstâncias ou se esconder atrás do comodismo enquanto interpreta um papel de vítima e cobra do universo a reparação pela injustiça cometida contra "você"...

As oportunidades não são iguais para todos. Para alguns, vai ser mais difícil do que para outros. As pessoas realmente não partem do mesmo lugar. Isso é um fato que você já deve saber. Estou dizendo que o jogo é impossível para aqueles que estão em situação desfavorável? De maneira alguma. Essa visão limitadora é muito ruim!

Vários realmente optam pelo caminho mais fácil, e há milhares de motivos que levam a isso, eu entendo. Estou apenas apontando o que você deveria saber para não ser mais um nas estatísticas e se apropriar do posicionamento nato de protagonista da sua vida.

COMBUSTÍVEL – ALIMENTE SEU SUPERPOTENCIAL

Faça uma escolha: ou você é vítima, ou é protagonista, os dois não dá.

O que diferencia os vencedores e as pessoas de sucesso das demais é a capacidade de agir apesar das circunstâncias. E essa atitude tem que vir de você. Posso até te inspirar, mas a ação é você quem tem que tomar. Desafie-se e supere-se *apesar* da realidade e das oportunidades que você tem. A realidade e as oportunidades podem ser transformadas ou criadas.

O empreendedorismo é uma ferramenta fantástica que permite que as pessoas ascendam, cresçam, se desenvolvam e gerem riqueza. Não existe nenhum país sério que não incentive o empreendedorismo. Além de ser uma ferramenta de transformação e de impulsionamento social, o empreendedorismo contribui para o desenvolvimento econômico. Quanto mais pessoas gerarem riqueza, melhor para todo mundo. Melhor para mim, melhor para você. Se você criar uma empresa, gerará empregos e renda, e, com isso, o ciclo econômico e social acaba tendo benefícios.

O empreendedor não é o vilão! E digo mais: se você acha isso, a melhor maneira de resolver é sair da gritaria da torcida e entrar na arena, buscar mudar de dentro para fora. Do que adianta você só reclamar e nada fazer? Só com ação é possível ter voz ativa dentro de uma comunidade e contribuir para revolucionar o lugar onde vive com suas ideias e conceitos. Enxergar o jogo dessa maneira exige maturidade, crescimento pessoal e desprendimento do ego e do orgulho. É parar de procurar culpados e focar encontrar soluções. Acredito na busca constante por distribuir oportunidades para um jogo mais justo para todos, e é isso que o empreendedorismo proporciona.

Não seja egoísta deixando de explorar o seu potencial e não tendo coragem para ser quem sabe o que poderia ser por ter sido fraco e sucumbido ao medo, à necessidade de aprovação, às suas crenças e talvez até à preguiça. Se o sentimento de chegar ao final da vida e não ter feito nada de relevante, não ter explorado o seu potencial, não ter mergulhado de cabeça de verdade em algum sonho ou objetivo, não ter encontrado sua verdadeira razão de viver e sua missão aqui na terra, não ter feito descobertas sobre si mesmo, não ter evoluído, não ter tirado tempo de qualidade para si, sem ter se proporcionado um conforto e qualidade de vida for o que você quer, vá em frente e faça isso. Se olhar para a vida que você pode ter não for suficiente para te motivar, olhe para tudo que você não quer ser e tenha motivação para lutar contra isso. E, se isso não trouxer motivos suficientes para te fazer ter coragem de agir, não sei o que trará...

OS FRUTOS CHEGARÃO QUANDO VOCÊ MENOS ESPERAR.

@davibraga

CRIE SUAS PRÓPRIAS OPORTUNIDADES

Um dia eu peguei um Uber. Mas não era um Uber qualquer. Era o Michael, um motorista diferenciado. Ele estava de terno e gravata, tinha água com gás à disposição e até internet ele me ofereceu. O ponto é que ele não precisava oferecer tudo aquilo. Ele poderia ser igual a todos os outros. A sua decisão de promover uma experiência completa ao usuário, mesmo trabalhando em uma empresa que não era sua, me chamou atenção. Curioso que sou, comecei a bater papo com ele, que me contou que tinha planos para começar um negócio próprio, uma empresa de motoristas de alto padrão, mas não sabia como conseguir clientes e estava no Uber justamente para isso. Por estas razões ele oferecia um serviço com tanta qualidade: destacar-se e chamar atenção. E foi o que aconteceu. Gravei um *story* e indiquei o serviço dele para amigos, além de auxiliá-lo com conteúdos, sacadas e livros. Hoje, ele realizou seu sonho e tem a Omnia Transporte Executivo.

Aprendi com ele, naquela simples corrida, a importância de se colocar em movimento e agir no presente de maneira proporcional aos sonhos que temos para nosso futuro. Foi o próprio Michael que preparou a terra para a sua oportunidade. Quando você faz algo genuinamente de modo a estar preparado para as oportunidades, elas começam a aparecer. Porque você já preparou o terreno e plantou a semente. Os frutos chegarão quando você menos esperar.

É claro que desenvolver o seu superpotencial é fundamental para fazer a oportunidade engrenar. Não adianta só ter a oportunidade sem ser bom, mas também não adianta ser bom sem ter uma oportunidade. Para criar essas oportunidades para si mesmo, não tem jeito: você precisa se expor e ter uma boa dose de cara de pau. Aliás, eu nem sei por que a cara de pau é considerada um atributo negativo; eu acho superpositivo, saudável e importante.

Sabe uma excelente inspiração para materializar a curiosidade como um método de vida para criar oportunidades? Os cientistas. É preciso experimentar como um cientista, que não chega a um resultado final com apenas um experimento. Cientistas fazem muitas experiências e deixam que elas determinem o caminho. Ou você acha que Albert Einstein acordou um dia e disse: "Hoje eu vou inventar a Teoria da Relatividade!"? É claro que não! Ele desenvolveu essa teoria tendo a curiosidade como alimento e a oportunizou com seu trabalho árduo. Faça o mesmo: experimente, deixe a curiosidade te guiar, veja quais oportunidades chegarão. Mas nada de idealizar: há muitas oportunidades que podem te levar aonde você quer – e não apenas aquela que você fantasiou. Deixe as coisas acontecerem naturalmente e controle a ansiedade! Em vez de ficar ansioso esperando a tão sonhada oportunidade aparecer, continue fazendo o seu melhor naquilo que você pode controlar. Gaste sua energia no que pode começar hoje, no que está funcionando hoje, nas portas que estão abertas hoje. Acredite, as oportunidades virão.

Certo, mas digamos que a oportunidade bateu à sua porta. E agora? E se você não corresponder à expectativa e ainda não tiver habilidades compatíveis ao desafio? Não se sinta desencorajado ou envergonhado. Aprenda e siga em frente. Ninguém prevê as próprias falhas, rejeições e negativas, mas toda trajetória tem esses momentos – sim, mesmo a das pessoas bem-sucedidas! E lembre-se: errar faz parte. Não saber de tudo é natural. Inclusive, quanto mais admitimos não saber, mais criamos oportunidades de aprender.

É claro que a criação de alguns hábitos na sua vida também pode dar um empurrãozinho na criação de oportunidades. Mudar de hábitos é essencial, porque ter os mesmos hábitos só pode te dar uma coisa: os mesmos resultados. E eu acho que não é isso o que você quer, estou certo? Então vamos ver alguns hábitos que chamarão oportunidades para a sua vida.

- Passe a ver oportunidade como sinônimo de esforço. Pare de pensar em oportunidade como sinônimo de "já ganhei". A realidade das oportunidades que te levarão ao que você deseja nem sempre é aquilo que você imaginou. O trabalho que você não quer fazer é parte do pacote, e só por meio dele é possível atingir o que você quer.

- Apareça e cresça. Espalhe por aí o que você está vendo, lendo, fazendo (e o que quer fazer). Pode ser nas redes sociais, na escola, nas reuniões de família... Nunca se sabe quando uma conexão pode levar a uma oportunidade. Então, saiba fazer uma boa publicidade de si mesmo.

- Reserve um tempo para se conectar. Separe alguns momentos toda semana para falar com pessoas, principalmente aquelas que te inspiram, que fazem coisas interessantes, que não são próximas – pode ser on-line ou presencialmente. Isso desenvolverá sua habilidade de networking.

- Renda-se aos encontros acidentais. Faça caminhos diferentes dos usuais no seu dia a dia, mesmo que não sejam os mais práticos. Lute contra as escolhas de sempre! Em vez de convidar alguém para tomar um café, simplesmente vá à cafeteria ou algum outro lugar em que você não consiga prever quem estará.

- Treine contra a timidez. Se você for tímido, precisa, primeiro, aprender a ficar confortável sozinho em público. Comece por locais simples,

108   **SUPERPOTENCIAL**

como um cinema ou uma lanchonete. Quando essas situações ficarem menos desconfortáveis, comece a conversar com as pessoas ao redor. Você pode até treinar perguntas no espelho. Será muito útil para sua vida porque a comunicação é a chave de qualquer relacionamento.

UM TRUQUE PARA POTENCIALIZAR SUA JORNADA

A curiosidade e o aprendizado a partir dos erros são alimentos suficientes para manter o seu superpotencial operante. Mas, se você quiser um truque para potencializar a sua jornada, precisa conhecer o estado de fluxo. Vou começar explicando a sensação de se estar nesse estado, que é a seguinte:

1. Estar totalmente focado e concentrado no que você está fazendo.
2. Ficar extremamente entusiasmado.
3. Saber com clareza o que precisa ser feito naquele momento.
4. Sentir que a própria atividade que você está fazendo já é uma recompensa.

Para mim, por exemplo, o estado de fluxo acontece quando estou dando uma palestra, gravando um podcast ou fazendo um brainstorming. Eu poderia fazer isso por horas sem perceber! É importante frisar que, para entrar no estado de fluxo, você precisa estar operando com habilidades acima da média e cumprindo um desafio que também tenha uma dificuldade acima da média. E isso tem três implicações: 1) você precisa focar em melhorar seus pontos fortes (e não em melhorar seus pontos fracos); 2) você precisa manter-se sempre aprendendo; e 3) você precisa sempre ter como objetivo otimizar os processos de maneira ativa. É assim que você vai aproveitar o estado de fluxo cada vez mais.

Pense: se o estado de fluxo acontece quando suas habilidades estão acima da média, você precisa aprimorar essas habilidades para se manter competitivamente acima da média! Quando digo "competitivamente", vamos deixar as coisas bem claras: você está competindo contra si mesmo, não contra outra pessoa. E é assim que deve ser. Aprenda por você, não por outro. É a sua vida que tem a ganhar com isso. A cada desafio superado, você sobe um degrau (ou dá um passo ou os dois) na sua jornada.

Perfeito! Agora que já sabemos tudo sobre o estado de fluxo, como acessá-lo? Bem, vamos lá:

- Pense em quando você se sentiu em estado de fluxo, ou seja, trabalhando com tanto foco que perdeu a noção de tempo e espaço.

DEIXE AS COISAS ACONTECEREM NATURALMENTE E CONTROLE A ANSIEDADE!

@davibraga

- Depois, tente escrever o que você estava pensando durante esse tempo, com o máximo de detalhes que conseguir, apontando como se sentiu e por quê.

- Se não conseguir se lembrar dos seus pensamentos, nas próximas vezes que se sentir em estado de fluxo, separe um tempo para escrever sobre isso imediatamente depois e então procure padrões no seu processo de pensamento.

- Se você nunca se sentiu em estado de fluxo, foque aprimorar seus pontos fortes. Talvez você ainda não tenha habilidades fortes o suficiente para entrar nesse estado.

- Com os resultados deste exercício, sempre que sentir dificuldade de entrar no fluxo, leia o que você produziu e tente induzir o estado. Garanto que será muito mais fácil!

Entender e aprender a criar quase que artesanalmente momentos em que o fluxo acontece é um dos melhores potencializadores para a sua jornada do superpotencial. Porque isso vai te colocar no epicentro das suas habilidades mais desenvolvidas e, ao mesmo tempo, vai te desafiar a ir mais longe, com menos esforço. Não subestime o quanto você é capaz de criar e evoluir em somente uma sessão onde o estado de fluxo está presente.

Não pare agora! Continue na jornada gamificada e desenvolva seus conhecimentos.

https://bit.ly/livrodavi-05

CAPÍTULO 6
OBSTÁCULOS – PROTEJA SEU SUPERPOTENCIAL

Se você quiser viver algo que ultrapasse os limites de um projeto de vida tradicional, algo desafiador, impactante e alinhado com as suas melhores habilidades, certamente se deparará com obstáculos. Cada jornada é única. As dificuldades, no entanto, existem para todos. Não há resposta pronta nem gabarito correto. A partir do momento que você entende que é verdadeiramente único, que é o protagonista da sua vida, entende também que a sua história define quem você foi, mas as suas ações definem quem você vai ser.

Não existe bola de cristal que preveja quais obstáculos você encontrará no caminho, mas há alguns mais comuns do que outros. Falarei sobre eles aqui para que você saiba o que fazer quando (e se) encontrá-los – o que pode também dar uma ideia do que fazer caso se depare com outros tipos de desafio. Também vou te preparar para os desafios internos para que você mesmo não se torne um obstáculo em sua jornada para o superpotencial.

PROBLEMAS: UMA PARTE IMPORTANTE DA JORNADA

Se você quer ter autonomia, resultados melhores e construir um projeto de impacto, não dá para olhar para o outro lado quando vir um problema. Tudo na vida tem seu bônus e seu ônus, e resolver problemas é uma parte importante da jornada de todo mundo. A questão é que a maioria desses problemas é de natureza tão básica, tão ligada à sobrevivência, que nem nos damos conta disso. Quando você nasce, por exemplo, já tem que lidar com seu primeiro problema: o que fazer quando tiver fome ou sede. É claro que, na maior parte das vezes, isso é solucionado rapidamente, porque os pais já sabem o que fazer, mas você precisou descobrir que tem que chorar para se livrar do que o incomoda, seja fome, dor, frio, calor... Depois, aprende que, para conseguir o que quer (resolver seus problemas mais imediatos), tem que "falar", ou seja, demonstrar isso por meio de alguma linguagem. Esses exemplos, tão básicos, já mostram que toda ação é resultado de um estímulo: problema → ação para solucioná-lo.

Compreenda que as soluções só surgiram porque, antes, havia problemas que levaram alguém a pensar nelas. Portanto, quanto melhor você analisar um problema, maiores as chances de encontrar uma solução mais eficaz e eficiente e, então, obter bons resultados. Você deve enxergar esses problemas sempre como uma oportunidade de autoanálise e de crescimento. Então, já vamos alinhar as expectativas: ganhar o jogo depende de como você vai olhar os problemas daqui para a frente. Minha sugestão: pense neles como molas para impulsionar suas ações, meios para aprender o que precisa para criar e alcançar o que deseja.

Além disso, quanto mais sentimos algum ponto de dor, por mais desconfortável que seja, mais prontos para lidar com a dor estaremos. É como se a habilidade de lidar com a dor fosse um músculo. Quanto mais você estressa um músculo, mais ele se desenvolve. E, também como acontece com o músculo, se você não lida com a dor, sua capacidade de manejá-la se atrofia. E o que atrofia junto? O seu superpotencial. Por isso, não desvie de dores necessárias. É também através delas que você vai se tornar a pessoa que pode ser, em seu máximo potencial. É necessário, no entanto, saber a hora certa de seguir em frente ou simplesmente parar.

OBSTÁCULOS – PROTEJA SEU SUPERPOTENCIAL

Um dos erros mais comuns de quem decide empreender é a insistência em ideias, atitudes ou desdobramentos que não dão mais resultados. Isso é continuar, de alguma maneira, repetindo o mesmo erro esperando resultados diferentes. Já a persistência está relacionada à capacidade de tentar e testar alternativas diferentes para obter resultados diferentes. Direcionar seu esforço insistentemente sem obter resultados vai fazê-lo perder tempo e energia. Insistência é algo negativo e pode te prejudicar, já a persistência não, é positiva e necessária. Persistir é a melhor forma de ir mais longe. Insistir vai te fazer estacionar. Seu caminho provavelmente não corresponderá à sua expectativa, faz parte do jogo! Aceite e vá na onda das curvas e dos desvios: a jornada não é linear.

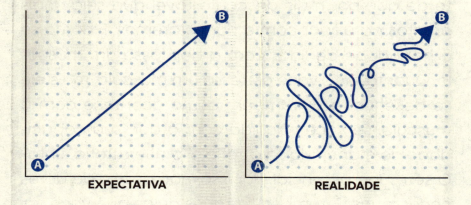

"O VERDADEIRO HOMEM MEDE A SUA FORÇA QUANDO SE DEFRONTA COM O OBSTÁCULO."
ANTOINE DE SAINT-EXUPÉRY

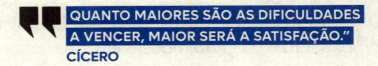
"QUANTO MAIORES SÃO AS DIFICULDADES A VENCER, MAIOR SERÁ A SATISFAÇÃO."
CÍCERO

FORMA: SUCESSO NÃO CABE EM MOLDES

Vamos relembrar algumas coisas, caso não tenha ficado claro: o fator diferencial que pode colocá-lo na frente dos outros é ser você; essa é a sua vantagem. É por isso que sucesso é algo pessoal e intransferível, e você não pode aceitar perspectivas de sucesso alheias.

Existe uma pressão social que nos joga em uma forma e dita o caminho que supostamente deveria ser seguido. Nas propagandas das escolas e cursinhos, as métricas de sucesso são: "X aprovados no vestibular de Medicina!"; "Y aprovados no vestibular de Direito!". Nada contra seguir por esses caminhos. Mas já percebeu que, se você perguntar para alunos do Ensino Fundamental o que eles querem ser quando crescerem, as respostas são bem mais diversas e criativas? Astronauta, *youtuber*, bailarina, jogador de futebol, policial, bombeiro... Já no Ensino

Médio, as respostas variam pouco: engenheiro, advogado, médico. A verdade é que existe um estereótipo de ciclo "normal" para quem busca uma vida bem-sucedida.

É fato que sair do trilho e seguir um caminho próprio, fora do padrão imposto, causa uma sensação de insegurança. A maioria das pessoas não consegue lidar com o fato de ter que confiar em si mesma para criar seu próprio caminho e vive em função da busca pela estabilidade. Mas acontece que, na verdade, isso não existe... Nada no mundo é estável!

Faça diferente, use suas aptidões naturais como vantagem e mergulhe de cabeça nelas! Cada um tem sua história, sua perspectiva, seus talentos, gostos e vontades. Não é justo todos caírem em uma mesma forma predeterminada. Não há nada de errado em seguir carreiras tradicionais, desde que você tenha clareza de que esse é o caminho que *você* escolheu e que é por meio dele que você vai atingir seu superpotencial. Seja qual for a carreira pela qual você optou, seja você mesmo. Afinal, é uma questão de felicidade. Buscar sua felicidade passa por tornar seus sonhos realidade, e tornar seus sonhos realidade passa por reconhecer quais são seus próprios sonhos – os seus, não aqueles que quiseram impor a você.

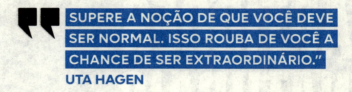

"SUPERE A NOÇÃO DE QUE VOCÊ DEVE SER NORMAL. ISSO ROUBA DE VOCÊ A CHANCE DE SER EXTRAORDINÁRIO."
UTA HAGEN

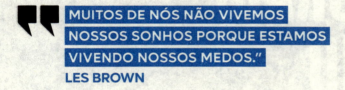

"MUITOS DE NÓS NÃO VIVEMOS NOSSOS SONHOS PORQUE ESTAMOS VIVENDO NOSSOS MEDOS."
LES BROWN

QUANDO SEU INIMIGO SÃO OS OUTROS

Quando decidimos fugir daquilo que se espera de nós ou mesmo dos caminhos tradicionais que os outros costumam traçar para a nossa vida, é regra que os outros vão começar a nos olhar de um jeito diferente. Protagonizar é difícil mesmo, e a culpa não é sua. Há um contexto externo que faz com que tenhamos muitos desafios e barreiras para conseguir colocar em prática as nossas ideias.

FAÇA DIFERENTE, USE SUAS APTIDÕES NATURAIS COMO VANTAGEM E MERGULHE DE CABEÇA NELAS!

@davibraga

Todos nós crescemos em uma sociedade cuja visão de mundo se baseia em padronização e repetição. Desde a época da escola, quando precisávamos ser bons – ou medianos – em tudo e seguir a mesma grade curricular, com os mesmos modelos de avaliação, até a escolha da carreira, que ainda é muito influenciada pelas expectativas familiares ou pela pressão por repetir o caminho que alguém trilhou antes, temos que lutar constantemente para não ficar presos aos moldes impostos e, assim, construir uma vida realmente autêntica.

Mas, para agir, primeiro precisamos tomar consciência do que temos de enfrentar. A partir do momento que entendemos quais são as barreiras que limitam o nosso percurso e olhamos para elas de uma perspectiva menos negativa e mais proativa, aprendemos com essas situações e podemos criar estratégias para contorná-las da melhor forma possível e nos tornar cada vez mais preparados e fortalecidos para seguir adiante.

TENTATIVAS DE DESENCORAJAMENTO

A síndrome do caranguejo é uma metáfora que representa um comportamento muito comum na sociedade. Imagine um balde cheio de caranguejos, em que nenhum consegue escapar, pois, sempre que um tenta sair, outro o puxa de volta. "Se não for eu a escapar, que estejamos todos aqui", é o que devem pensar esses caranguejos. Na vida real, é muito comum que pessoas, ao verem alguém tomar iniciativas e crescer na vida, tentem impedir, fazendo de tudo para que ela continue dentro do balde, sem avançar.

Esse é um fenômeno muito estudado por especialistas em comportamento humano, que chegaram à conclusão de que isso é praticado de maneira inconsciente, e evoca uma sensação de inferioridade quando alguém próximo alcança o sucesso, trazendo sentimentos como inveja, medo de ficar para trás e frustração sobre si. A manifestação disso vem em forma de críticas, desencorajamento e tentativas de descrédito do outro. Quando os "caranguejos" veem alguém se sobressair, automaticamente constatam: "sou menos inteligente", "sou preguiçoso", "sou medroso". E isso é insuportável para eles. Tanto que, instintivamente, acionam seu mecanismo de defesa, que é puxar o outro para baixo. Não se preocupe, você nunca vai ser criticado por alguém que tem mais resultados que você.

FAMÍLIA

Nosso núcleo familiar é a primeira referência de mundo que temos. O relacionamento com os nossos pais ou a ausência desse relacionamento afeta de maneira profunda cada um de nós, tanto para o bem quanto para o mal, e não podemos escolher os pais que teremos. Assim, honrar o pai ou a mãe significa entender que devemos respeitá-los e que eles vieram como nossos pais por alguma razão. Se cada um deles representasse 50% de você, e você os criticasse, seria como julgar e desmerecer uma parte expressiva de si mesmo. Precisamos compreender, primeiro, que eles não são perfeitos e também têm suas dores e inseguranças, e, segundo, que não temos a obrigação de seguir todas as decisões deles.

Recebo várias mensagens de pessoas dizendo que estão cansadas de ouvir reclamações dos pais. O que percebi falando com várias delas é que muitos pais reclamam pois estão preocupados, mas o fato é que só se preocupam com o que é importante para eles – você!

A maneira mais efetiva de solucionar essa situação é realmente crescer, amadurecer, começar a trabalhar, construir algo seu, ganhar seu próprio dinheiro, pagar suas contas e até se encaminhar para construir uma família. Com isso, você estará assegurando a seus pais que o trabalho deles foi concluído com sucesso.

Enquanto você não demonstrar na prática que dá conta de se cuidar, de lidar com a vida e de enfrentar as dificuldades e responsabilidades que vêm com ela, seus pais continuarão se colocando na posição de responsáveis por você. E é por isso que eles querem

OBSTÁCULOS – PROTEJA SEU SUPERPOTENCIAL

"cuidar" de você, expressando essa preocupação e esse cuidado muitas vezes em forma de reclamações.

Sei que muitos não lidam bem com as verdades duras e costumam preferir as mentiras confortáveis, mas não é justo fazer com que a responsabilidade de cuidar de você continue sendo de seus pais, uma vez que eles já fizeram esse papel quando você era criança e realmente precisava dessa atenção e desse cuidado para sobreviver. Hoje, talvez você não precise mais disso. Eles já fizeram a parte deles, provavelmente da melhor maneira que puderam, dando tudo que tinham para dar. Agora chegou a hora de você fazer a sua parte!

E, sim, realmente existem alguns pais que nunca vão parar de reclamar. Mas, se você está fazendo a sua parte, pode ficar tranquilo que isso deve estar evidenciando mais um problema deles do que seu! Acredito que sempre temos os pais que merecemos ou de que precisamos para crescer e evoluir. De qualquer maneira, são nossos pais, e não temos como mudar esse fato. O mínimo que você pode fazer é amá-los e honrá-los, vivendo o que você veio aqui na Terra para viver.

Honrar não é se anular. Podemos muito bem honrar nossos pais tendo educação e cuidado com eles, porém sem precisar seguir exatamente o que fazem ou desejam. Existe uma diferença entre desonrar e desobedecer; desobedecer aos nossos pais é até aceitável, mas desonrá-los? *Jamais.* Nós desonramos quando maltratamos, criticamos de forma agressiva, somos violentos, não damos o devido valor e não demonstramos gratidão a eles. Temos que dar o valor que merecem como autoridades na nossa vida, mas pai e mãe não devem decidir por nós; cabe a eles entender que têm a responsabilidade de nos guiar, nos direcionar, sem nunca nos obrigar a tomar nenhuma decisão.

Eu nunca poderei ser suficientemente grato pelo que minha mãe e meu pai fizeram por mim: eles me deram a vida, o amor e o apoio de que precisei. No entanto, as minhas escolhas cabem a mim, e meus pais (justamente por me respeitarem e por eu demonstrar que dou conta de mim) devem entender que somos pessoas diferentes. Mesmo sem a concordância deles, sou livre para seguir uma trilha que pode não ser a mesma que eles escolheriam.

SISTEMA DE ENSINO

O sistema educacional – o brasileiro especialmente – é um dos empecilhos para quem quer ser protagonista da própria vida e principalmente para quem quer empreender.

Lembro-me de que, quando eu vendia produtos na escola, meus professores não entendiam o que eu estava fazendo e tentavam me dissuadir daquilo, porque viam aquela atividade como algo que me distraía do objetivo escolar. Ainda hoje, na maioria das salas de aula, não se fala sobre dinheiro, sucesso, prosperidade, propósito e empreendedorismo. Para o ensino tradicional, sucesso se resume a somente um tipo de inteligência e as notas em provas são valorizadas.

Muitos colégios, principalmente os particulares, preparam os alunos para o Enem e os exames de admissão das universidades renomadas e esquecem que há outras habilidades e aptidões tão importantes quanto fórmulas de Química e Física ou períodos literários. Além disso, as instituições estão muito focadas no ensino teórico, enquanto o mundo exige das pessoas habilidades como resolução de problemas, pensamento crítico, liderança, networking e ousadia para testar ideias inovadoras.

Outro ponto que nos deixa presos em caixinhas é que aprendemos a ser medianos justamente no local onde deveríamos expandir nossos horizontes, na escola. É lá que aprendemos que precisamos ser pelo menos um pouco bons em todas as disciplinas, não excelentes em uma área do conhecimento ou matéria específica. Já para conquistar o sucesso na vida, precisamos ser muito bons – estar entre os melhores – em uma coisa específica. As pessoas que têm resultados extraordinários entendem suas competências naturais e buscam todos os dias se tornar cada vez melhor nelas. Ser mais ou menos em várias coisas diferentes não costuma levar ninguém muito longe.

Já parou para pensar sobre os reflexos que esse sistema tradicional de educação deixou na sua vida até hoje? Ou em como a sua jornada teria sido diferente e otimizada se o sistema educacional valorizasse e te ajudasse a desenvolver suas competências naturais? Refletir sobre isso é legal. O jogo agora é buscar caminhos para ampliar habilidades que são fundamentais, mas que não foram desenvolvidas nesse período.

QUANDO SEU INIMIGO É VOCÊ

Séculos atrás, quando o mar ainda era um ambiente misterioso, os nórdicos acreditavam na existência de um monstro chamado Kraken que tinha enormes tentáculos, com os quais puxava os barcos para o fundo do mar. Com o tempo, descobriu-se que não havia Kraken algum. Eram só lulas gigantes. Por que as pessoas deixaram de temer esse monstro? Porque, através do conhecimento, ele se provou ser apenas um mito.

Estou contando essa história para dizer que tudo que é novo assusta. Ser uma nova versão de nós mesmos, uma versão em que estamos atuando em todo o nosso superpotencial, por mais que seja algo positivo, também pode assustar. Não tem jeito: o desconhecido dá medo mesmo. Diante disso, você tem duas opções: ir com medo mesmo ou esperar sentir-se seguro para prosseguir. Agora, vou munir você de informação e prepará-lo para que você se sinta seguro em sua jornada e não se deixe dominar pelo medo. Vamos ver alguns dos inimigos internos que podem afastar o sucesso do seu caminho – e, é claro, como combatê-los.

FALTA DE INFORMAÇÃO

Todo mundo que está começando costuma esbarrar em algo muito comum: a falta de conhecimento e informação para seguir adiante. São muitas perguntas sem respostas. Qual o próximo passo? Para onde ir? Com quem falar? O que fazer? Onde procurar informação de qualidade? São dúvidas muito comuns e, ao mesmo tempo, difíceis de serem respondidas principalmente quando as pessoas do seu entorno não se interessam por esses assuntos.

Por isso, é fundamental ampliar sua rede de contatos para encontrar quem está pensando as mesmas coisas que você, ampliar os referenciais e conviver com pessoas diferentes. Esse é um processo fácil? Nem sempre. Porque é muito mais simples ficar com as pessoas de quem você gosta há muito tempo e com as quais já está acostumado. Desafiar-se a conviver com pessoas diferentes pode ser desgastante, doer, ser ruim, causar vergonha. Mas, por mais chato que seja falar isso para você, eu me sinto na obrigação de contar: na maioria das vezes, não serão seus amigos de infância que vão levá-lo para outro patamar: eles vão continuar olhando para você como sempre e as divergências de interesse não vão sumir magicamente.

Também é importantíssimo, contra a falta de informação, observar o que você está consumindo. Quais livros você lê? A quais filmes e séries assiste? Que contas segue nas redes sociais? Não desperdice seu tempo com qualquer coisa! Sua energia é valiosa; use-a para consumir conteúdos igualmente valiosos.

- Vamos começar pelas redes sociais: vá até a lista de contas que você segue e faça uma limpeza em todas aquelas que você acha que estejam impactando negativamente a sua vida ou que o façam perder tempo – a vida já tem problemas demais; não convide mais distrações inúteis para o seu dia a dia.

- Depois, vamos aos livros: qual foi o último livro que você leu que trouxe contribuições importantes para a sua vida? Será que esse autor tem outros livros que você pode ler? Será que ele indica outros livros em suas redes sociais? Ou, então, será que outras contas interessantes nas suas redes não têm boas indicações de livros? A partir disso, faça uma lista dos cinco próximos livros que você lerá – se estiver animado e tiver condições, já pode comprá-los e deixá-los em um lugar visível para você não se esquecer deles na loucura da vida.

- Por último, vamos aos filmes e séries. Que tal se levar para um passeio cultural mensal? Veja o que está em cartaz (ou que está disponível na vasta internet), observe o que pessoas interessantes estão falando e escolha um título de valor para assistir. Vale convidar mais gente para aproveitar esse momento com você!

O conteúdo que você consome determina seu resultado.

AGORA CHEGOU A HORA DE VOCÊ FAZER A SUA PARTE!

@davibraga

FALTA DE CONFIANÇA

Esse ciclo de busca sem resultados e a sensação de não pertencimento, de desencontro e de descompasso são tão desgastantes que podem abalar seriamente a nossa confiança. Perdemos a segurança na nossa capacidade de realização, nas nossas ideias e nos nossos sonhos, na nossa vontade de fazer acontecer, e começamos a colocar em xeque nossos desejos e escolhas, passando a dar ouvidos aos argumentos contrários. Quanto mais abalada nossa confiança estiver, mais suscetível ficaremos em relação ao que os outros pensam e dizem. Ficamos preocupados com o que vão falar e como vão nos julgar. Olhamos para os lados e percebemos que todos estão seguindo na mesma direção... menos nós. Resultado? Acabamos cedendo ao sistema e optamos por nos enquadrar em padrões preestabelecidos de comportamento por medo de sermos diferentes, por receio de sermos condenados e até ridicularizados pelas pessoas que amamos. A falta de confiança gera medo de errar. E, embora o medo seja algo natural, o problema se dá quando deixa você paralisado e o impede de tomar as decisões e ações que quer.

- Pare um momento para refletir sobre quais são as situações ou condições que estão fazendo você duvidar de si mesmo.

- O que tem dificultado o seu próximo passo? O que está faltando para que você se sinta pronto para criar algo só seu, seja um negócio, um plano de carreira ou um projeto específico?

- Se identificar pessoas como obstáculos para seu sucesso, tente dissociar-se delas. As pessoas com quem você se relaciona têm um impacto enorme sobre seus padrões de pensamento. Tente não se aproximar muito de gente superficial, invejosa, insegura e que te coloca para baixo. E lembre: cada um só dá o que tem.

No final das contas, deixe que falem. As pessoas podem dizer à vontade o que pensam sobre a sua vida. Deixe entrar por um ouvido e sair pelo outro, porque a verdade é que você é o maior especialista em si mesmo que há. Pode ser até que você já saiba o que precisa ser feito, de maneira instintiva, para que seja bem-sucedido e trilhe essa jornada rumo à sua melhor versão. Mas, quando não faz aquilo que você intuitivamente tem certeza absoluta de que deveria fazer, você fica mal, frustrado. É normal que isso aconteça. O remédio? Conseguir ter, no presente, uma atitude proporcional à visão que você construiu para o futuro que gostaria de conquistar. Caso o seu nível de ação, de capacidade, no presente esteja muito distante dos objetivos que você tem para o futuro, o que acontece é que você começa a ficar

OBSTÁCULOS - PROTEJA SEU SUPERPOTENCIAL

mal com isso, porque sabe que não está honrando seu potencial.

Felicidade verdadeira é conseguir viver aquilo que de fato viemos aqui na Terra para viver. Mas como saber o que viemos? Fique atento aos sinais. Eles podem ser sutis, mas serão muitos. Tudo vai te direcionar para isso. Quando estamos de fato alinhados ao nosso propósito, é como se um grande ímã atraísse a gente. Tudo acontece. Então, se você está de fato conectado com o seu propósito, se seguiu aquilo que sabe que deveria fazer e está com a consciência limpa de estar dando o seu melhor, pode ficar tranquilo: o que é seu virá. Porque não importa tanto se os resultados imediatos das suas opções serão bons ou ruins. O que importa é você ter a plena convicção de que se dedicou ao máximo e confiar que sinais e situações colocados na sua vida estão ali de maneira extremamente estratégica para que você aprenda, evolua e chegue mais próximo do seu superpotencial. Confie no processo. Tudo que é seu por direito encontrará uma maneira de chegar até você.

PADRÕES DE PENSAMENTO

Existe um limite mental imaginário que construímos para nós mesmos. E é como se esse limite impusesse barreiras para até onde podemos chegar. Mas há um meio de expandi-lo. O primeiro processo é subir o nível de consciência, conhecendo e aprendendo novas coisas, vendo que você pode realizar muito mais porque outras pessoas como você realizaram. E o segundo é conquistar microrresultados e fazer com que eles aumentem o seu nível de autoconfiança, mostrando-lhe por á mais bê do que você é capaz de realizar. Porque nosso cérebro precisa de fatos para poder acreditar em qualquer coisa. E, para acreditar em si mesmo, esses fatos são os microrresultados que vão aumentando a sua percepção de valor sobre quem você é – consequentemente, o tamanho dos resultados que se acha merecedor de obter. Na prática, você vai comprovando que é capaz de realizar cada uma daquelas coisas que está visualizando dentro da sua cabeça e que não se trata apenas de uma viagem mental.

Nossos pensamentos são a forma como significamos as coisas e o mundo. Se observar o mundo com um viés negativo for um padrão que você está acostumado a seguir, a tendência é que você encare mais frequentemente as experiências como negativas. As experiências em si são neutras; é o significado alocado aos fatos que determina como as perceberemos e consequentemente reagiremos a elas. Seus pensamentos determinam a forma como você vê o mundo, e a forma como você vê o mundo determina seus pensamentos. É um processo mútuo e bilateral.

Um exemplo claro disso é visualizar duas pessoas que viveram a mesma situação e reagiram à adversidade de maneira completamente diferente. Como no caso do João e do José, que foram demitidos da empresa onde trabalhavam. Ambos odiaram ficar desempregados. No entanto, enquanto João começou a culpar todo mundo, José usou aquilo como impulso para começar a trabalhar num negócio próprio. João e José passaram pela mesma situação, só que tiveram perspectivas diferentes da mesma circunstância. Um a viu como oportunidade, outro, como estigma.

As vivências, conceitos e crenças de cada um implicam diretamente na forma como vemos o mundo e as coisas. Quanto mais negativo e pessimista você for, mais as coisas vão parecer negativas e ruins. Da mesma forma, sendo positivo, os acontecimentos vão parecer mais positivos e oportunidades de crescimento.

Então, para transformar a forma com a qual vê o mundo, você precisa transformar a si mesmo! O resultado de ter um pensamento predominantemente negativo é que, não importa o que aconteça, você sempre vai achar que é o fim do mundo. Caso você tenha se identificado com o João, vou mostrar como cultivar mais positividade na sua mente, até porque essa negatividade é como uma represa atrapalhando a sua máxima capacidade plena de fluir.

- Você não precisa ter pensamentos positivos o tempo inteiro. É normal, quando uma sequência de coisas ruins acontece, virar a chavinha e acabar se tornando mais pessimista naquele momento. O importante é entender que você não é esses pensamentos, e é plenamente possível sair dessa zona de negatividade.

- Nosso cérebro é especialista em economizar energia; ele só vai jogar com você e te ajudar a se livrar de um padrão que em algum momento adquiriu e tomou como seu se você realmente entender a importância que aquilo terá para você. Então, escreva num caderno: como seria a sua vida sendo mais positivo? Que vantagens ou resultados isso vai te ajudar a ter? Quais consequências esse hábito negativo já te trouxe?

- Seja um realista otimista. Não tem a ver com ignorar a realidade ou fingir que os problemas não existem. É trazer a responsabilidade para você, preparando-se para estar pronto para lidar com o que vier, mas, ao mesmo tempo, torcendo pelo melhor.

- Se você tem tendências mais pessimistas, não será da noite para o dia que você vai começar a ter pensamentos positivos. É um processo constante. Comemore cada evolução que está tendo.

OBSTÁCULOS – PROTEJA SEU SUPERPOTENCIAL

- Analise seu entorno. Vai ser difícil buscar ser uma pessoa mais positiva se todos ao seu redor forem negativos.

- No começo, obrigue-se a procurar pontos positivos mesmo em situações consideradas negativas. Anote em um caderno as experiências negativas que viveu e escreva ao lado pelo menos três suas consequências positivas que aquilo lhe trouxe.

- Toda vez que sentir vontade de reclamar ou que, de fato, externalizar uma reclamação, anote no caderno. Assim, você ganha mais consciência sobre quantas vezes está reclamando. Isso vai te ajudar a tomar consciência.

- Pratique a gratidão consciente anotando todos os dias pelo menos três coisas pelas quais você é grato. Vai se tornar um hábito agradecer por elas.

- Ancore-se no positivo. Quando estamos com raiva, negativos ou estressados, fica difícil nos desassociarmos daquelas emoções e buscar ver algo positivo. Uma boa sacada é anotar pensamentos felizes e ações com as quais você está feliz e orgulhoso consigo mesmo. Quando estiver para baixo, você pode lê-los para buscar se conectar novamente com aquela sensação.

O segredo é começar a treinar sua mente, e a ideia não é reprimir os pensamentos negativos, mas sim fazer com que os pensamentos positivos sejam mais frequentes a ponto de se tornarem mais nítidos com o tempo. Dessa forma, você verá que os pensamentos negativos perderão a força de intromissão na sua mente.

Aprendeu a proteger seu superpotencial? Teste os seu conhecimentos e ganhe moedas para trocar por prêmios incríveis!

https://bit.ly/livrodavi-06

CAPÍTULO 7
ALIADOS – FORTALEÇA SEU SUPERPOTENCIAL

Você já aprendeu a valorizar a sua própria autentici-dade. Agora, a questão é valorizar a autenticidade do outro. Nós, seres humanos, estamos aqui para nos conectar. A união de duas partículas pode criar um universo inteiro de possibilidades. É impossível construir algo realmente relevante, que faça a diferença no mundo, sozinho. Você não tem ideia do que pessoas que estão juntas por um mesmo objetivo são capazes de fazer. Para grandes feitos, são necessárias grandes habilidades trabalhando em sinergia. Talvez o único atalho verdadeiro para seu superpotencial sejam outras pessoas. Neste capítulo, você verá por que cultivar relacionamentos é importante, que tipo de relacionamento vai te ajudar na jornada e quais são as pessoas com quem você deve buscar se relacionar.

RELACIONAMENTOS: VOCÊ É AS RELAÇÕES QUE CULTIVA

Na natureza, existe um fenômeno chamado mimetismo, que é quando seres vivos se tornam semelhantes ao meio que habitam ou a outras espécies mais protegidas. Isso acontece, por exemplo, com os polvos, camaleões, suricatos e algumas espécies de borboleta. Nos animais, isso acontece para protegê-los de predadores. Nos humanos, também acontece socialmente: você adota o comportamento, a linguagem e as ideias daqueles que o circundam. E isso pode ser muito bom ou catastrófico.

É bom quando você está entre pessoas que têm objetivos semelhantes aos seus, que têm ideias interessantes, são dinâmicas e autênticas. No entanto, quando você se cerca apenas de pessoas resignadas, que não se importam em viver na mesmice, isso não ajuda em nada. Muito pelo contrário, atrapalha sua jornada para o superpotencial. Afinal, o superpotencial é o excêntrico, é o que sai da rota, que foge da norma para se tornar excepcional, melhor que a média. Quando você se mescla com a média, torna-se (sinto dizer) a média.

É por isso que é tão importante cultivarmos relações com pessoas que também estão em uma jornada para o superpotencial, que querem, ativamente, ser cada vez melhores em suas aptidões naturais.

Não estou falando para você jogar fora todos os seus amigos e a sua família, nada disso. Amizade e família são relacionamentos pessoais. Estou falando, aqui, de relacionamentos profissionais, o tal do networking, já ouviu falar? É uma palavra em inglês que significa, mais ou menos, rede de contatos. Ter uma rede de contatos não é exatamente o mesmo que fazer amigos. Rede de contatos são pessoas que farão a diferença na sua jornada. Elas são a ponte entre você e as oportunidades. Por isso, é preciso saber a forma certa de se conectar e manter uma relação – o que veremos mais adiante neste capítulo.

Não se surpreenda se, quando você estiver genuinamente entregue ao processo do superpotencial, as pessoas certas entrarem na sua vida na hora certa. Espere, porque a vida sabe o que faz e recompensa aqueles que trabalham alinhados a si mesmos.

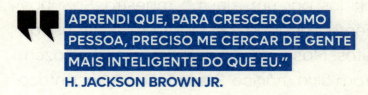

> APRENDI QUE, PARA CRESCER COMO PESSOA, PRECISO ME CERCAR DE GENTE MAIS INTELIGENTE DO QUE EU."
> **H. JACKSON BROWN JR.**

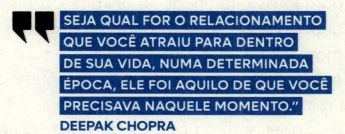

> SEJA QUAL FOR O RELACIONAMENTO QUE VOCÊ ATRAIU PARA DENTRO DE SUA VIDA, NUMA DETERMINADA ÉPOCA, ELE FOI AQUILO DE QUE VOCÊ PRECISAVA NAQUELE MOMENTO."
> **DEEPAK CHOPRA**

DIFERENÇAS: ELAS FAZEM A FORÇA

É muito bom encontrar pessoas parecidas com a gente, né? A conversa flui, os assuntos não param, os interesses são os mesmos. No entanto, apesar de termos essa sensação de "escrito nas estrelas" quando estamos com nossos semelhantes, há um outro tipo de relacionamento que pode ser muito especial: aquele com pessoas diferentes de nós. Mas... quão diferentes? Completamente? Não: pessoas diferentes, mas que tenham um norte de semelhança nos objetivos de vida e/ou que também estejam buscando o próprio superpotencial.

Esse tipo de relação com pessoas diferentes de nós é como uma orquestra afinada. Os instrumentos são bastante diferentes: há metais, sopros, cordas... Mas todos estão ali com o objetivo de tocar a mesma música, regidos por um mesmo maestro. Sozinhos, os instrumentos, quando tocados por bons músicos, soam bonitos. Mas unidos em harmonia eles fazem sentido, viram algo mágico. Essa música só acontece porque as diferenças se uniram. Da mesma forma, quando você se relaciona com pessoas diferentes, mas unidas por um objetivo comum, o objetivo consegue ser alcançado, os superpotenciais de cada um brilham mais forte.

Saber se uma pessoa deve ser sua parceira de jornada não é tão difícil. Primeiro, ela deve ter valores e objetivos congruentes com os seus. Depois, é uma questão de se perguntar: 1) me aliar a essa pessoa vai me deixar mais próximo ou mais distante dos meus objetivos?; 2) essa pessoa tem desafios proporcionais aos resultados que eu gostaria de ter?; 3) essa pessoa tem a capacidade de me ajudar na minha jornada na mesma proporção que eu posso ajudar na jornada dela?

Essas perguntas vão dar a você um direcionamento. Preste muita atenção também a como essas pessoas tratam quem não tem poder de dar mais poder a elas, que estão em uma situação social inferior. Observe como ela trata quem não tem algo para oferecer: isso diz *muito* sobre as pessoas.

Quando encontrar as parcerias ideais, invista nelas. Elas saberão como auxiliá-lo e você saberá auxiliá-las de volta. Todo relacionamento precisa de nutrição. É um jogo de servir para ser servido.

"QUE IMPORTÂNCIA FAZ SE SEGUIMOS POR CAMINHOS DIFERENTES, DESDE QUE ALCANCEMOS O MESMO OBJETIVO?"
MAHATMA GANDHI

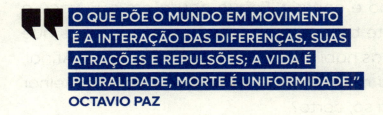
"O QUE PÕE O MUNDO EM MOVIMENTO É A INTERAÇÃO DAS DIFERENÇAS, SUAS ATRAÇÕES E REPULSÕES; A VIDA É PLURALIDADE, MORTE É UNIFORMIDADE."
OCTAVIO PAZ

POR QUE E COMO ENCONTRAR MENTES QUE SE HARMONIZAM

Você se lembra da zona de genialidade do capítulo 2, certo? Se não, vai lá dar uma revisada antes de continuar. Se sim, mais uma vez esse conceito se mostra útil. Sim, porque até na hora de se conectar com pessoas você deve buscar se conectar profissionalmente com pessoas que estejam vivendo em sua própria zona de genialidade, que sejam excepcionais dentro de seus próprios campos de conhecimento – que, veja bem, não devem ser os mesmos que os seus. Por quê? Porque você deve buscar mentes que se harmonizam com você e complementam a sua. Assim como se harmoniza um vinho com um queijo, que são sabores complementares, porém diferentes, procure mentes complementares à sua.

Pense bem: se você ficar o tempo inteiro fazendo coisas em que não é bom, vai se tornar uma pessoa que não tem os melhores resultados. Que tal ceder espaço para alguém que é realmente bom na habilidade específica que você procura? Isso não é só generosidade, é uso eficiente de tempo e energia. Foque aquilo em que você é realmente bom, e, para o resto, use conexões que tenham as habilidades de que você precisa. Afinal, duas (ou mais) mentes brilhantes pensam melhor que uma só, certo?

Agora que já sabemos por que encontrar mentes que se harmonizam com as nossas, vamos a *como* encontrá-las. A resposta é tão simples quanto complexa: através de networking. Certo, mas como formar uma rede de contatos sólida, com a qual realmente podemos contar? Para explicar, quero começar com uma história que aconteceu comigo.

Durante os seis meses que morei com a minha família em uma cidade perto de Orlando, nos Estados Unidos, desenvolvi uma rede muito legal de contatos. Conheci muitas pessoas e, sempre que podia, falava sobre meu aplicativo, o LIST-IT, e o meu primeiro livro, que eram os meus projetos naquele momento. Quando estava lá, comprei um ingresso anual para a Disney, que me permitia entrar nos parques quando quisesse, e fiz disso uma oportunidade para mim. Quando ficava sabendo que algum empreendedor ou empresário brasileiro estava passeando com a família de férias, eu não perdia tempo! Usava meu passe para entrar no parque e procurá-lo até encontrar. Quando o encontrava, eu me mostrava muito feliz em conhecê-lo, dizia que o admirava e me colocava à disposição para oferecer dicas dos melhores passeios e brinquedos – usando meu conhecimento como oportunidade. Ou seja, eu me conectava com a pessoa por meio do ato de servir. Não estava me apresentando como um interesseiro, mas como alguém interessado em ajudar e a trocar. Esse gesto me rendeu amizades incríveis para o futuro, exatamente o resultado que eu buscava para médio e longo prazo.

Conto isso para lhe mostrar a importância dos atos intencionais. A vida está cheia de oportunidades, basta saber enxergá-las e, intencionalmente, jogar a sua isca. Você verá que muitos peixes aparecerão no seu anzol. E aí há um segundo trabalho: o de puxá-los para si. Nesse caso, o ato de jogar a isca é se apresentar de modo a oferecer algo, de forma genuína, sem segundas intenções, antes de pedir. Isso é muito importante! Porque, às vezes, nem será preciso pedir favor algum: quando você já cultiva uma boa relação desde o início, a pessoa quer, de boa vontade, por reciprocidade, fazer algo por você, se isso estiver dentro do alcance dela. Já o ato de puxar o peixe para si é a manutenção do relacionamento. Ok, você conheceu a pessoa e causou uma boa primeira impressão. E agora? Será necessário manter contato. Sabe aquele "a gente vai se falando"? Então, leve isso bem a sério. De tempos em tempos, chame a pessoa para um café ou um almoço, ainda que virtual, para colocar as novidades em dia. Demonstre que você se preocupa e se interessa genuinamente, e a tendência será a reciprocidade. Essas dicas ainda estão muito abstratas? Vamos evoluir um pouco mais.

A VIDA ESTÁ CHEIA DE OPORTUNIDADES, BASTA SABER ENXERGÁ-LAS.

@davibraga

PARA FAZER O PRIMEIRO CONTATO

- Seja intencional. Fazer uma lista de quem você conhece, de quem quer conhecer e em que essas pessoas podem ser úteis para sua empreitada pode ser muito proveitoso. Lembre-se apenas de começar a se conectar antes de precisar. Caso contrário, a conexão será forçada e pode não render fruto algum.

- Interesse-se de verdade. Faça perguntas abertas e instigantes, pois as pessoas estão cansadas de responder às mesmas perguntas de sempre. Fuja dos clichês, não faça perguntas sobre o tópico principal da vida delas; faça perguntas diferentes, sobre hobbies e paixões. Isso vai instigar que elas falem com você e curtam o tempo que vocês passaram juntos.

- Esteja aberto ao novo. Não tem mágica: se você for sempre aos mesmos lugares e falar sempre com as mesmas pessoas... você não conhecerá pessoas novas. Diversifique os ambientes em que você circula (físicos e virtuais) e as pessoas com quem se conecta. Abandone o preconceito e os julgamentos. O diferente é diferente de você, e isso é muito bom!

- Entenda que as conexões mais rasas também têm força. Segundo um estudo do sociólogo Mark Granovetter, os chamados "laços fracos" podem ser bem fortes. Esse estudo mostrou, por exemplo, que a maioria das pessoas consegue emprego não através dos contatos próximos, mas através daquelas que conhecem superficialmente. Ou seja, pessoas que você acabou de conhecer podem se transformar em uma fonte de novas oportunidades.

- Aprenda a servir. Troque o "como posso ser beneficiado" por "como posso beneficiar". As pessoas têm aversão a gente egoísta. Se você soar como um interesseiro que quer apenas usufruir de algo que aquela pessoa tem a oferecer, sem agregar nada, esse relacionamento não vai passar do primeiro parágrafo.

PARA MANTER CONTATO

- Leve a sério o "a gente vai se falando". Troque números de celular e endereços de redes sociais e aqueça esse contato regularmente. Demonstre que você se lembra das pessoas, e elas se lembrarão de você quando surgir uma oportunidade.

- Qualidade é mais importante que quantidade. Se não mantiver contato regular com as pessoas, você não poderá contar mais com elas. Para estabelecer relações mais profundas, leve o profissional um pouco para o pessoal – sem forçar intimidade!

- ✓ "O que você faz?" → demonstra interesse estritamente profissional
- ✗ "Do que você gosta?" → demonstra interesse pessoal
- Fique atento a referências que podem ser interessantes para essas pessoas. Envie a elas trechos de livros, artigos, posts nas redes sociais ou até mesmo memes.
- Mostre como você pode ser útil. Seus aliados doarão tempo e disposição para ser úteis a você. Faça o mesmo. Seja a ponte entre duas pessoas que têm interesses parecidos. Veja como suas habilidades e sua rede podem ser úteis para aqueles com quem você quer trabalhar e/ou se conectar.
- Gere emoções positivas. Para ser lembrado, você precisa gerar emoções nos outros. As pessoas tendem a se lembrar da maneira como você as fez sentir. Ofereça ajuda, coloque-se à disposição, gere experiências, seja um bom ouvinte e aplique a generosidade.

APRENDA COM OS MELHORES PARA SER MELHOR

Ser o mais inteligente do seu círculo de amigos tem lá suas vantagens. Você é admirado por todos, tem um status bacana e sempre tem respostas para as perguntas de todos ali. Se você é a pessoa com mais resultados do seu grupo, busque conviver com pessoas mais inteligentes ou experientes que você, que te provoquem a evoluir e expandir os seus limites mentais; assim, as possibilidades de crescimento são infinitas e exponenciais.

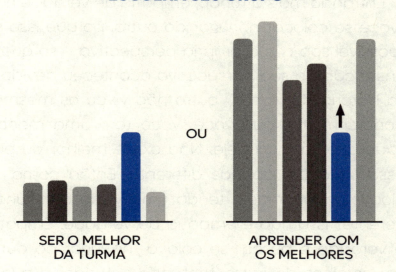

A INFLUÊNCIA DA EMPATIA VERDADEIRA

Imagine um pote enorme cheio de chicletes. Se uma pessoa qualquer chutar a quantidade de chicletes ali, a probabilidade de errar é muito alta. Mas, se mais pessoas chutarem quantidades diversas, a probabilidade de haver um número mais próximo da verdadeira quantidade é muito maior. Sejamos um pouco filosóficos: como se chega à verdadeira verdade? Chega-se nela percebendo e capturando diferentes vieses, de diferentes pessoas, de diferentes circunstâncias, de diferentes educações, de diferentes geografias, de diferentes histórias de vida. Essa é a verdadeira verdade! E essa verdade se torna cada vez mais pura quando você se conecta a mais pessoas e, assim, capta o ponto de vista delas.

Entrando mais a fundo, empatia de verdade não é você se colocar no lugar do outro, porque isso só é possível sob a sua própria perspectiva – só que a construção da sua perspectiva aconteceu devido à sua história de vida. O outro não viveu os mesmos acontecimentos que você. Você tem uma mentalidade diferente da dele. Não existe melhor ou pior nessa situação, apenas diferente. Então como se colocar no lugar dele tendo uma visão de mundo diferente? Isso não é empatia de verdade. Empatia de verdade é buscar se colocar no lugar do outro com os olhos do outro, tentando entender o que o fez pensar da forma que pensa e agir da forma que age. É claro que a empatia verdadeira acaba sendo um pouco mais complexa, pois apenas se colocar no lugar do outro é simples, mas entender a verdade sobre essa pessoa é outra história.

Se você quer saber a verdade, conecte-se com a maior quantidade de pessoas que puder, de diferentes lugares e origens, coloque-se no lugar delas de verdade, tentando entender o todo, capturar os vieses de cada vez mais gente, sendo curioso para buscar aprender o máximo sobre cada um. É assim que você faz as coisas acontecerem: estando presente de verdade. Enxergando e escutando, e não apenas olhando e ouvindo.

Tudo começa na mente. Através da mente, você é capaz de influenciar a maneira como capta informações ou percebe o universo. E, uma vez que a mente enxerga o que se pode ter, ela nunca aceita menos que isso.

Isso é desenvolver consciência. Você consegue isso com a expansão de horizontes, novos ares, oportunidades e possibilidades, ou seja, da conexão com novas pessoas que carregam mundos inteiros dentro delas.

O IGUAL É CHATO

Conheça pessoas diferentes de você. De outras bolhas. De outros lugares. De outras classes sociais. De outras idades. Que pensam diferente. De outras culturas. Viaje. Fuja do comum. Vá para lugares a que os turistas não vão, converse com os locais, entenda a dinâmica da cidade, a mecânica de como as coisas funcionam. Seja curioso. Converse. Pergunte. Questione. Busque entender assuntos além dos que te interessam.

Como disse Raul Seixas, seja uma metamorfose ambulante... muito melhor do que ter uma velha opinião formada sobre tudo. Busque descobrir. Não tenha apego a ideias e conceitos ou preconceitos. Aprenda. Aprenda a aprender. Aprenda com tudo, todos e em todos os lugares.

Descubra o racional por trás da visão de mundo das pessoas. Busque entender o universo mental delas, quais experiências e vivências formataram sua maneira de pensar e as tornaram quem elas são.

Ser diferente e se abrir para conhecer o diferente do outro, valorizando e reconhecendo sua autenticidade, é incrível. É assim que a nossa mente se expande, é assim que a gente cresce.

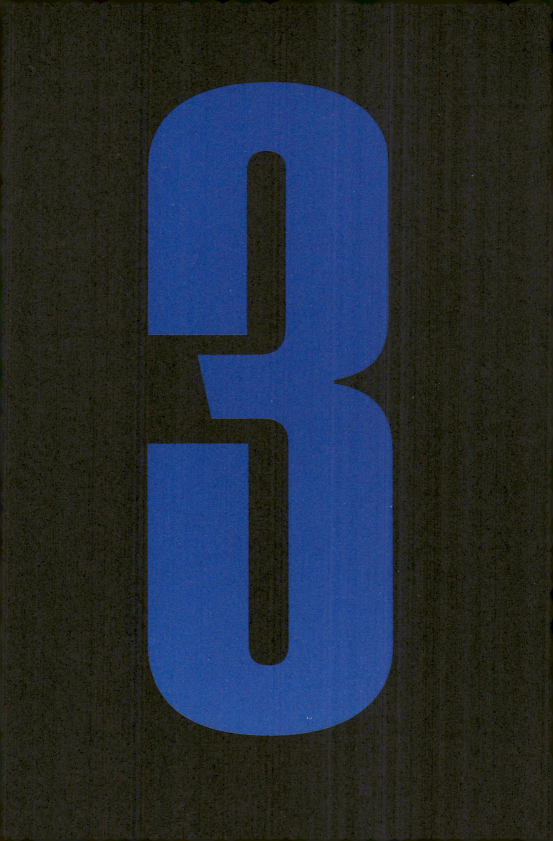

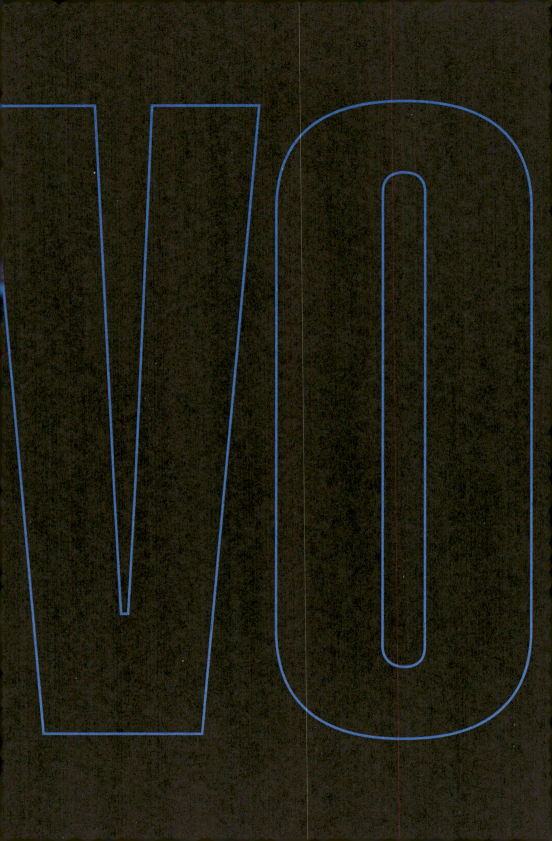

Já consegue enxergar sua trajetória de sucesso? Prove seus conhecimentos participando de nossa jornada gamificada e acumule moedas para trocar por prêmios incríveis!

https://bit.ly/livrodavi-07

CAPÍTULO 8
VALORES – SUSTENTE SEU SUPERPOTENCIAL

O verdadeiro superpotencial não fica restrito apenas à gente. É uma semente que pode até ser cultivada dentro de nós, mas que só brota e se torna real e relevante quando nutrida e compartilhada com os outros. Quando se espalha pelo mundo, influencia pessoas, gera valor e quebra paradigmas.

Você é um cocriador da existência no planeta Terra, em coparticipação com todos os seus outros habitantes. Suas ações e decisões criam reações em cadeia. Você deve agir de modo consciente, entendendo que é uma parte significativa do todo e que as suas ações e decisões repercutem em proporções que transcendem a sua capacidade de entendimento e passagem por esta Terra. Você nunca saberá totalmente até onde podem chegar os reflexos de uma ação tomada por você.

Isso te assusta? Se você age com responsabilidade, e não com egoísmo, não deveria!

Não vale tudo para chegar aos seus objetivos porque, no fim das contas, as ações que são tomadas somente em benefício próprio, sem se preocupar com o todo, são egoístas. E elas ferem não só aos outros mas também, por mais intrigante que possa parecer, você mesmo.

RESPONSABILIDADE: NEM TUDO VALE

É importante que nós mantenhamos os olhos abertos, sempre regulando nossas ações para que não comecemos a achar que vale tudo para atingirmos nossos objetivos. Na busca pelo superpotencial, podemos ficar cegos, concentrados apenas em nós mesmos e em nossos próprios interesses, e acabar não levando em consideração o que há à nossa volta e sob a nossa responsabilidade para a manutenção do todo – o que pode ser perigoso.

Essa responsabilidade tem a ver com coletividade, agir com honestidade e ética. Já imaginou como seria se todos só pensássemos em nós mesmos e fizéssemos tudo apenas em benefício próprio, sem nunca pensar no outro ou nas consequências?

Precisamos ficar de olho e observar o nosso egoísmo, pois, às vezes, tomamos ações ou decisões quando estamos envolvidos pela intensidade do momento, em um ritmo hipnótico, em que não questionamos, não analisamos as nossas ações e, quando paramos para refletir, elas não estão congruentes com o que realmente queremos ser e com o legado que queremos deixar. Não é porque todos fazem algo que devemos fazer também. E não é porque alguém faz algo errado que abre espaço ou torna justificável você fazer o mesmo.

O ser humano é assim mesmo. Queremos economizar energia e ter menos trabalho, mas a finalidade da ação, ou até mesmo sua intenção de fazer algo, por mais grandiosa ou benéfica que possa parecer, não justifica a violação dessa responsabilidade.

Se o seu superpotencial é seu eu mais genuíno e autêntico em exercício, a fim de oferecer ao mundo algo que faça a diferença também para o outro, é fundamental incluir a responsabilidade como parte da sua maneira de agir. Quando estamos fazendo genuinamente não *por* amor, mas sim *por meio* do amor, a ressonância das nossas ações é intensificada.

Comece a fazer uma autoanálise sob a perspectiva da responsabilidade. Se tivesse a oportunidade de falar por dez minutos com todas as pessoas do mundo, o que você falaria? Se tivesse a oportunidade de deixar uma mudança significativa no mundo, o que seria? De que forma você usa as suas competências para crescer na vida e, ao mesmo tempo, fazer o seu entorno crescer junto?

> Questionamentos para regular sua responsabilidade – inspirados nas três peneiras que Sócrates recomendava usar para determinar se algo deveria ser expressado:
> 1. **Intenção**
>   Qual a sua verdadeira intenção com essa ação? Está congruente com o legado que quer deixar?
> 2. **Bondade**
>   O que você vai fazer é uma coisa boa para si e para os outros?
> 3. **Necessidade**
>   O que você vai fazer é importante? Resolve alguma coisa? Melhora a sociedade?

"SEJA UMA PESSOA QUE VALORIZA A ESSÊNCIA, NÃO A APARÊNCIA, CULTIVE OS VALORES MAIS PROFUNDOS E NÃO CAIA NA TENTAÇÃO DE SE TORNAR UM 'SÚPER' EM UM MUNDO DE ESTRELAS SEM BRILHO PRÓPRIO."
ROBERTO SHINYASHIKI

VALORES: ALINHE-SE A SI MESMO

Os valores de uma pessoa são pessoais e intransferíveis. Eles podem ser éticos ou não, ou seja, podem ou não seguir o que a sociedade determina como boa conduta. Eu não preciso nem dizer que os seus valores devem ser éticos, né? Porque os valores éticos, apesar de serem pessoais, implicam pensar no próximo, no bem-estar coletivo, e não apenas nos benefícios individuais. E assim, transbordando, influenciando pessoas positivamente, você estará no caminho certo para o seu superpotencial.

Pensar nos valores éticos que orientam a sua vida é algo que você deve fazer todos os dias. Por quê? Bem, ao longo da sua vida, haverá situações muito estressantes, e, em situação de estresse, você não consegue pensar com calma, manter a cabeça no lugar. Imagine que, em tempos de crise, você está no vale, na parte de baixo de uma montanha-russa – porque a vida é uma montanha-russa. Nessa baixa, sem conseguir enxergar o resto do percurso, você pode ser direcionado a tomar decisões que não condizem com seus valores éticos. As pessoas que estão em situações ruins são mais propensas a tomar decisões ruins. Mas quem tem os valores éticos muito bem definidos está mais seguro para lidar com esses tipos de situação, que todos nós certamente viveremos ao longo da nossa jornada.

VALORES - SUSTENTE SEU SUPERPOTENCIAL

Se você souber quais são os seus valores éticos, sempre vai voltar e checar se sua conduta em qualquer situação está condizente com eles. Ter valores bem definidos significa ter uma previsibilidade de comportamento. É como se você mostrasse a si mesmo sua maneira de agir, de se comportar no mundo e de tomar atitudes. É a espinha dorsal do seu pensamento. Com valores sólidos, você sabe que pode seguir com tranquilidade na sua jornada de superpotencial, porque sempre vai agir de uma forma que compactua com quem você é.

Eu nunca vi ninguém se arrepender de ser uma pessoa boa, simpática, educada e gentil. A sua atitude pode, por exemplo, determinar se o outro vai colocar o superpotencial dele para jogo ou não. Afinal, de críticas o mundo já está cheio. Seja um incentivador de pessoas. Lute pelos sonhos dos outros como você luta pelos seus. Faça disso um valor inegociável.

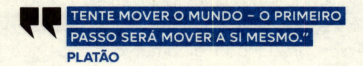

"TENTE MOVER O MUNDO – O PRIMEIRO PASSO SERÁ MOVER A SI MESMO."
PLATÃO

AMBIÇÃO NÃO É GANÂNCIA

Se você é daqueles que ainda acreditam que ambição e responsabilidade são forças conflitantes, preciso dizer que está cometendo um erro enorme, prejudicial tanto à sua vida profissional quanto à pessoal. Por quê? Pelo simples fato de que está se esquecendo completamente de tudo que foi construído com base em ambições legítimas e bem-intencionadas, pois as grandes descobertas, invenções e conquistas são frutos do objetivo de vencer limites e estabelecer novos e melhores paradigmas, de criar algo melhor, que supere o que já existe ou está estabelecido. Coisas novas só acontecem porque há profissionais ambiciosos que buscam incessantemente o melhor e o novo.

Por isso, pare agora mesmo de rotular ambição como algo negativo. Isso tem outro nome: ganância. Para viver, é preciso ter ambição. Como muito bem coloca o economista Stephen Kanitz, "ambição é tudo aquilo que você pretende fazer na vida". Tem a ver com decisões, promessas, sonhos e objetivos, não só com ser conhecido, influente ou ganhar muito dinheiro. Se você é ambicioso, busca se superar continuamente, fazer cada vez melhor. E isso é ótimo, desde que suas metas e sua atuação sejam éticas.

Kanitz também afirma que o problema todo do mundo está no fato de que "normalmente decidimos nossa ambição antes de nossa ética, quando o certo seria o contrário. Por quê? Dependendo da ambição, torna-se difícil impor uma ética que frustrará nossos objetivos. Quando percebemos que não conseguiremos alcançar nossos objetivos, a tendência é reduzir o rigor ético, e não reduzir a ambição".[3]

Por isso, é fundamental, antes de pensar na sua ambição, definir sua ética. A primeira não pode, jamais, superar a segunda, sob pena de que seus valores caiam por terra e seu propósito se perca. Não, não vale o "mas todo mundo faz" (você quer ser mais um ou ser único?), muito menos o "isso é uma exceção só para essa vez" (o impacto negativo na vida alheia não pode nem dessa vez nem nunca). Não pode nem um pouquinho! Relativizar seus princípios éticos e negociar o que deveria ser inegociável, por só uma vez que seja, pode ser um caminho sem volta.

Por maior que seja a sua ambição, a ética deve ser o seu guia. Tenha seus valores muito claros, bem definidos e orientados. Eles precisam funcionar como um gatilho mental – como um beliscão por baixo da mesa quando dizemos algo que não devíamos ter dito – para que, caso você hesite em algum momento na jornada, sirvam para trazê-lo de volta ao seu marco ético. É o único caminho para deixar um legado verdadeiramente positivo para o mundo.

---

[3] KANITZ, Stephen. Ambição e ética. *Veja*, 24 jan. 2001.

SEJA UM INCENTIVADOR DE PESSOAS. LUTE PELOS SONHOS DOS OUTROS COMO VOCÊ LUTA PELOS SEUS.

@davibraga

ÀS VEZES O QUE PARECE SER UM ATALHO É SOMENTE UM ATRASO PARA SUA JORNADA.

COMO SE MANTER NA JORNADA

- Para se manter firme e forte na jornada do superpotencial, você precisa ter seus valores muito bem definidos. Assim, se houver um desvio, você poderá resgatá-los facilmente e voltar a um caminho intencional.

- No vale da montanha-russa da vida, você não terá condições de pensar de forma clara e calculada. Vai ser tudo no desespero. Por isso, é preciso determinar seus valores em um momento em que você está emocionalmente equilibrado.

- Em um dia bom e tranquilo, vá para um ambiente em que você possa ficar sozinho, sem distrações vindas de outras pessoas. Pode ser na sua casa ou fora dela.

- Primeiro, pense se sua família lhe ensinou algum valor que você gostaria de levar adiante. Esses serão seus primeiros valores. Anote em um caderno.

- Depois, reflita sobre quais, para você, são as sensações que fazem valer a pena estar vivo. Transforme essas sensações em valores. Anote. Assim, você convida para sua vida mais das sensações positivas que o fazem gostar da vida.

- Por fim, avalie o que você gostaria de deixar de legado para o mundo e como você gostaria de ser tratado pelas pessoas. Esse será o seu último grupo de valores. É claro, anote tudo.

- Deixe sua lista de valores em um lugar acessível e relembre-a sempre que precisar. Quando saber que você precisa dela? Quando você se sentir confuso, em dúvida ou afastado do seu superpotencial.

O DEVER DO PROTAGONISTA

Entenda que, querendo ou não, fazendo alguma coisa grandiosa ou não, você vai deixar uma marca no mundo. O que você pode escolher é se essa marca vai deixar o planeta melhor, igual ou pior do que você encontrou ao nascer. Se você é omisso e opta por deixá-lo igual, tome cuidado, porque isso tem o mesmo resultado que optar por deixar o mundo pior. Afinal, se você tem plena capacidade de fazer parte da solução e não o faz, automaticamente faz parte do problema. Então, pense: em um mundo em que muita coisa já foi criada e aprimorada, como você pode dar sua contribuição? Como é que você pode fazer o mundo ser diferente? Esta é uma pergunta que eu me faço todos os dias: como posso fazer a minha parte para provocar uma mudança positiva?

Quanto mais você cria, conquista, chega perto do seu superpotencial, mais vai ser admirado pelas outras pessoas. Isso significa que atingir o superpotencial, ser um protagonista, vem com uma responsabilidade. Se você é protagonista, você tem voz. Sendo admirado, as pessoas vão te ouvir. E, com essa voz, você pode impactar as pessoas para que elas também tomem ações com suas próprias vidas ou pode criar pontes para que as pessoas trilhem o próprio caminho.

Mais do que isso, você vai ter a possibilidade de conseguir influenciar o mundo rumo àquilo que você acredita que o mundo deveria ser. É justamente esta a simples e complexa responsabilidade do protagonista: a de deixar o planeta melhor. Não importa se muito melhor ou só um pouquinho melhor. Foque apenas o melhor.

Por outro lado, se você não é protagonista, se não está usando o seu poder, simplesmente não vai ser ouvido ou considerado. Seu poder de influência sobre o mundo será zero ou – na pior das hipóteses – negativo.

Afinal, as pessoas só escutam quem tem resultados. E só tem resultados quem vive uma jornada apaixonada, engajada; quem mergulha de cabeça num projeto ou processo.

Só que o que acontece? Muitas vezes, a gente fica tão empolgado, tão ambicioso para chegar ao nosso superpotencial e colher os resultados e benefícios que a jornada nos trará que, nessa ansiedade, quer atalhos. A gente quer dar um passo maior do que a perna. Quer antecipar um processo que, no fim das contas, não tem muito como antecipar. Porque tem coisas que só o tempo traz para a gente. Por isso é fundamental deixar bem claro quais são os seus valores inegociáveis desde agora.

Lembre-se de que seus valores não são apenas "a coisa certa". São, também, coisas de que você gosta, que o ajudam no seu dia a dia, que auxiliam você a passar pela vida de mais forma leve. É tipo o seu próprio guia pessoal de como agir ou não agir diante do trabalho e de todas as coisas que você faz. Por exemplo, eu tenho um valor fundamental que é a diversão. Se estou fazendo algo que não está me divertindo, estou indo contra um valor que tenho, contra algo que é importante para mim. Os valores nada mais são do que coisas que são importantes para você. Então, se é importante para você ter liberdade, escolha caminhos que ajudem a concretizar a presença desses valores na sua vida.

VALORES – SUSTENTE SEU SUPERPOTENCIAL

Valores são o GPS que vai ajudá-lo a se manter sempre na rota. Que você vai sair da rota em alguns momentos eu não tenho dúvida, mas, se definiu e tem clareza do que é inegociável, acha o caminho de casa fácil. E, nesses desvios de rota, devemos nos lembrar também da nossa responsabilidade, de que todos temos uma função importante no mundo. Eu não vou dizer que você vai resolver todo o problema do mundo sozinho, mas acredito muito que cada pessoa é um mundo inteiro e, só de mudar a realidade da sua própria vida, você já quebrou um ciclo que vai impactar todas as próximas gerações de sua família, de maneira direta ou indireta.

O exemplo sempre move montanhas, e o simples fato de você fazer acontecer se torna um objeto de inspiração para várias pessoas, até mesmo aquelas que você não conhece, até mesmo pessoas que falam publicamente que não gostam de você. Um pouco da jornada do superpotencial passa por incentivar que os outros possam ser também a melhor versão deles.

LIMITE-SE PARA SE TORNAR ILIMITÁVEL

É bem provável que, no começo da jornada, você tenha que se adaptar mais do que gostaria, ou seja, tenha que pagar um preço inicial maior. Porque chegar ao equilíbrio passa, inevitavelmente, pelo desequilíbrio. Isso significa que, às vezes, você terá que fazer coisas que talvez não façam tanto sentido no momento – óbvio, desde que estejam dentro do seu pacote de valores –, mas que são importantes para que, algum dia, você possa viver aquilo que quer. Por exemplo, digamos que você queira empreender para ser seu próprio patrão, para não trabalhar para ninguém, para não vender a sua hora. Só que você ainda não tem o know-how, o background, a autoridade ou a quantidade de grana suficiente para se sustentar. Então, durante um tempo, pague o preço que é necessário, faça o que precisa fazer mesmo não gostando daquilo, para que depois possa se proporcionar viver o que você quer viver. Isso faz parte da jornada.

Só tome cuidado para não se desequilibrar de vez e ceder por completo. Imagine um elástico de dinheiro: se você o estica um pouco, o tamanho dele volta ao original; mas, se esticar demais, o tamanho original vai se modificar e ficar maior. Ou, ainda, o elástico pode até estourar e nunca mais voltar a ser o mesmo. A gente é maleável, mas essa maleabilidade precisa ter um começo, um meio e um fim. Por isso, respeite seus próprios limites, seja honesto com eles. Eu entendo, sim, você virar duas noites seguidas porque está empolgado com um projeto. Mas, se você passa um mês fazendo isso todos os dias, vai pesar na sua saúde. É preciso colocar na balança se as suas ações têm um bom custo-benefício, se elas fazem sentido para você.

Parece contrassenso, mas, para se tornar ilimitável no futuro, você precisa impor limites no presente. Lembre: o caminho do equilíbrio passa pelo desequilíbrio. E não importa as cartas que saíram no jogo para você, não importa se está mais ou menos na frente. Um exemplo é aquele jogo chamado buraco: não importa as cartas que vieram para você; o que importa é o que você faz com elas. Você pode estar com um jogo ruim, mas, se for um bom jogador, consegue ganhar do mesmo jeito. Se quiser usar o fator sorte, use. Várias pessoas tiveram a sorte de nascer com condições que podem facilitar em alguns aspectos, só que o importante não é isso, é o que você faz com o jogo.

Eu sei que é difícil abandonar o ego, mas é real: algumas pessoas nascem bonitas, outras não, algumas nascem ricas, outras não. Infelizmente, o mundo é injusto. Mas, quando você está vivendo seu superpotencial, está gerando oportunidade de outras pessoas também atuarem em seu superpotencial e mudarem de vida. É isto que eu gostaria de passar para você: o seu sucesso não tem a ver só com outras pessoas, mas também não tem a ver só com você. Trata-se de ambos: você e a sua capacidade de impactar pessoas para que elas também mudem. Você não nasceu para não fazer nada com o seu superpotencial. Não podemos deixar isso virar uma coisa normal. Nós viemos para prosperar, para impactar. Você tem voz para criar algo novo no mundo. Você é ilimitável.

Portanto, não seja perfeccionista. O perfeccionismo é um valor prejudicial para quem deseja atingir seu superpotencial e influenciar pessoas. Mais que isso, é um valor ligado à arrogância. A arrogância de ser o que você é e privar o mundo disso apenas porque não estava na situação ideal para começar. Você nunca estará na situação ideal. Apenas comece! Vá aperfeiçoando no caminho. Você é maleável, adaptável. Pegue seu pacote de valores, ponha o pé na estrada e inicie uma jornada sem limites, exatamente como o seu superpotencial.

Você está quase lá! Avance na jornada gamificada e tenha acesso a conteúdos exclusivos!

https://bit.ly/livrodavi-08

CAPÍTULO 9
CICLOS – REVEJA SEU SUPERPOTENCIAL

Nascer, se desenvolver, morrer: esse é o ciclo da vida. Mas, na verdade, a vida tem muitos ciclos diferentes. Por exemplo, uma vida em ciclo vicioso é composta de atitudes ruins que te levam a tomar mais atitudes ruins. Já uma vida em ciclo virtuoso é feita de atitudes boas que alimentam mais atitudes boas. Este livro foi separado em ciclos justamente para que você abandonasse possíveis ciclos viciosos e cultivasse ciclos virtuosos em várias áreas da sua vida: na sua relação consigo mesmo, com o outro e com o mundo.

Na capítulo 1, você aceitou o chamado para esta jornada, afinal, privar o mundo de seu superpotencial seria egoísmo. Você parou com o "e se?" e começou a se perguntar "por que não?", e entendeu que ser protagonista é ver a vida como uma jornada de possibilidades, é conduzir a vida para onde você quer estar – e é por isso que a jornada do superpotencial só poderia ser construída de maneira intencional e por um protagonista.

No capítulo 2, você começou a desvendar o seu propósito, que deve guiar seu superpotencial e não precisa ser algo mirabolante, mas sim ter cor, cara e cheiro de casa, de pertencimento, de familiaridade. Você entendeu que o seu propósito nasceu com você, porque você, como tudo na Terra, nasce pronto, com uma função própria específica. Tudo que é preciso fazer é ouvir a si mesmo e encontrar esse propósito.

No capítulo 3, você descobriu que ser único é a chave para destravar o seu superpotencial, e que a autenticidade é uma arma imbatível. Aprendeu que ganhar o jogo não é uma questão de melhorar os seus pontos fracos, mas de aprimorar os seus pontos fortes. É assim que você entra na sua zona de genialidade para aprender a potencializar seus resultados.

No capítulo 4, você adquiriu a disciplina para fazer o seu superpotencial acontecer e viu que isso é feito através do foco no presente, que é o único tempo sobre o qual se tem controle. Também viu que, muitas vezes, é preciso abrir mão dos prazeres imediatos em prol de algo mais importante e duradouro.

No capítulo 5, você entendeu a importância de ser curioso para explorar e viver uma jornada de experimentação sem medo de errar. Pois o erro é a maior ferramenta de aprendizagem que existe. Aprendeu a aprender para aprender sempre, a criar as próprias oportunidades e a recalcular a rota sempre que for necessário, transitando no caos sem grandes dores de cabeça.

No capítulo 6, você compreendeu como combater os vilões que são obstáculos para o pleno desenvolvimento do seu superpotencial e até ressignificá-los como catapultas que podem te levar mais longe. Você também viu que seu sucesso não cabe em formas, e é por isso que é preciso cuidar do seu padrão único de sucesso.

No capítulo 7, você viu que as relações que cultiva e que as diferenças entre as pessoas não são fraquezas, mas forças complementares que enaltecem seu próprio superpotencial. Encontrar mentes que se harmonizam e focar a colaboração, não a competição, são ações vitais para construir um superpotencial forte. Além disso, viu a importância de estar com pessoas que sabem mais do que você.

No capítulo 8, você foi alertado de que nem tudo vale para conquistar o superpotencial. É preciso ter valores que o sustentem como uma espinha dorsal. Mais do que isso: valores éticos para os quais você sempre voltará quando sentir que está se desvirtuando de seu caminho, para que você se alinhe e seja fiel a si mesmo e, logo, a seu superpotencial.

SER ÚNICO É A CHAVE PARA DESTRAVAR O SEU SUPERPOTENCIAL.

@davibraga

E, no capítulo 9, você está visualizando a sua evolução durante a leitura. Todos os capítulos e cada palavra deste livro foram estrategicamente posicionados com um propósito: municiá-lo de informações, colocá-lo em movimento, proporcionar-lhe ferramentas e, mais importante, promover um ganho de consciência que o leve a estar mais próximo daquilo que você é capaz de ser e fazer.

Mas calma. Só porque estou te fazendo entender todo o processo até aqui, não significa ainda que nossa jornada juntos chegou ao fim. O melhor ainda aguarda por você. Separei a lição mais importante para o final, no capítulo seguinte.

A jornada do superpotencial não acaba com a leitura deste livro. Finalize nossa jornada gamificada e teste todos seus conhecimentos adquiridos, você pode refazê-la quantas vezes desejar.
Ao final, troque suas moedas acumuladas por prêmios incríveis!

https://bit.ly/livrodavi-09

https://bit.ly/livrodavi-10

CAPÍTULO 10
A JORNADA INFINITA

Sabe aquela pessoa que começou a ler este livro? Ela não existe mais. Cada novo aprendizado, reflexão, dúvida e desconforto revelaram uma nova versão de você, agora mais consciente do seu superpotencial. Você descobriu quem você é ou, ao menos, experimentou vivenciar uma realidade em que você é o protagonista, o *game changer*, aquele que muda o jogo, consciente da sua importância, para que a vida pudesse fluir livremente através de você.

Muitas camadas foram retiradas para que você chegasse mais próximo de sua essência. Camadas de ego, de crenças, de resistência, de medo. Mas você nunca vai zerar esse jogo. Somos um canteiro que sempre estará em obras. Não tenha apego a quem você foi.

Coloque à prova todas as suas crenças e não tenha ideias de estimação. Sempre há espaço para melhoria e crescimento, e é justamente por isso que você nunca vai chegar ao seu superpotencial, pois ele é infinito!

Esta é uma jornada de descobrimento e evolução que traz consciência sobre você e sobre a sua relação com o mundo. Nesse processo, cada desafio, pessoa conhecida e experiência vivida são referência para análise que se tornam uma ferramenta poderosa, geradora de conhecimento e consciência.

Este é o seu desafio a partir de agora: estar disposto a lidar com o caos, a confusão e a dor da transformação. Então, aprecie a jornada. Aprecie o valor do processo. Mantenha sua cabeça sempre aberta para novas oportunidades e aprendizados. É a única maneira de conseguir, de fato, manter-se crescendo.

Quando foi a última vez que você viveu e não apenas sobreviveu? Quantos mais dias, meses ou anos vão precisar passar até que você se dê conta de que está apenas existindo? Quando foi a última vez que você fez algo pela primeira vez? Que se desafiou? Que se sentiu vivo? Que enfrentou um medo? Sobreviver é sobrevoar a vida. É passar por cima dela, sem sentido e sem um propósito. É viver no modo automático. Já viver é aproveitar o que tem de melhor para ser vivido nesta Terra. Estar presente e desfrutar de uma busca constante pela evolução. E, cara, me diz: para que serve a vida se não para ser vivida?

Este mundo é seu. Poucos poderão usufruir do máximo que a vida realmente tem a oferecer, somente aqueles que conseguirem viver e enfrentar os medos que têm. Você foi feito para multiplicar, para usar o seu superpotencial. Então, use-o, repita os ciclos, desfrute do processo e viva a vida em toda a sua plenitude.

Seu trabalho de verdade começa agora, e é com você. Todo dia é dia de viver essa jornada, é um processo diário. E este é o jogo de viver: estar em uma jornada infinita de constante evolução, que não tem linha de chegada.

Garanto que você dá conta!

Este livro foi impresso
pela Gráfica Assahi em
papel pólen bold 70 g/m²
em março de 2023.